北京市民族学校
中学体育校本教程

侯 运 主编

北京体育大学出版社

图书在版编目（CIP）数据

北京市民族学校：中学体育校本教程 / 侯运主编
. —— 北京：北京体育大学出版社，2017.5
ISBN 978-7-5644-2584-5

Ⅰ.①北… Ⅱ.①侯… Ⅲ.①民族形式体育－中国－
中学－教材 Ⅳ.①G634.961

中国版本图书馆CIP数据核字(2017)第112052号

北京市民族学校：中学体育校本教程　　　　　侯 运 主编

策划编辑：秦德斌　　　　　　　　　　　责任编辑：秦德斌
审稿编辑：苏丽敏　　　　　　　　　　　责任校对：成昱臻
版式设计：华泰联合

出　　版：北京体育大学出版社
地　　址：北京市海淀区信息路48号
邮　　编：100084
发 行 部：010-62989320
邮 购 部：北京体育大学出版社读者服务部　010-62989432

印　　刷：北京瑞禾彩色印刷有限公司
开　　本：787×1092　1/16
成品尺寸：185×260
印　　张：12
字　　数：300千字
定　　价：69.00元
版次印次：2018年4月第1版第1次印刷

（本书因印制装订质量不合格本社发行部负责调换）

编 委 会

总 策 划：侯 运　朗月田

总设计编导：关槐秀

专 家 指 导：孙卫华

主　　　编：侯 运

执 行 主 编：陈雪峰　罗 勇

教 师 编 委：李爱华　楚洪娟

学 生 编 委：尹一鸣　王子健　李 辰　杨元达

　　　　　　石雅丽　臧家乐　陈宇昂　刘 澳

　　　　　　许慧惠　陈经顺　董亚伦

编　　　审：代文海　黄兵彦　律更强

美 术 设 计：刘利红

摄 制 影 像：韩志刚　关 欣

音　　　乐：云 岭

北京市民族学校简介

　　北京市民族学校是朝阳区一所九年一贯制学校，坐落于朝阳区常营回族乡，现有学生近1000名，由回族、满族、蒙古族、撒拉族、瑶族、土家族、汉族等7个民族组成，少数民族师生约占全校总人数的33%。

　　北京市民族学校的前身是"北京市朝阳区常营民族小学"。1992年为落实朝阳区政府"42所农村学校建设"行动计划，由朝阳区政府、常营回族乡政府投资及村民捐资新建了常营乡十里堡小学。1994年11月，学校搬至管庄新址。1995年11月，常营乡十里堡小学并入常营民族小学。1997年1月，常营民族小学更名为北京市民族学校，实行九年一贯制的学校管理体制。1999年9月，常营乡五里桥小学也并入北京市民族学校。2003年8月，北京市民族学校搬迁至现址——北京市朝阳区常营民族家园12号。

　　北京市民族学校以"为学生的未来奠基"为核心办学理念，以"坚定不移地走内涵发展之路和团结进取之路"为办学思路，以"优化机制，提高效率，突出特色"，实现学校和师生共同发展为目标，积极构建"德育为先，教学为主，素质为重，育人为本"的育人模式。学校配有现代化的各类实验室，以及专用教室。

　　近年来，学校非常重视两支队伍建设，并依托"北京市民族学校中青年后备干部人才库制度"和"干部部门汇报展示制度"，培养了10余名校级中青年后备干部，充实和加强了干部队伍建设；依托"北京市民族学校骨干教师梯队培养计划"及"青年教师学校"，为教师专业发展提供了更广阔的空间和可持续发展的条件。学校现有市级骨干教师1人，区级骨干教师2人，校级骨干教师20人，另有一批青年教师正在迅速成长并日趋成熟。

　　为全面提高教学质量，学校不断深化课堂教学改革，推行"五步教学法"课堂教学模式；成立了由各年级家长代表、退休教师代表和学校优秀教师、行

政干部组成的"教育质量督导团";建立并实施了 "干部教学值班制度";加强"学案库"建设;积极开展和参加各级各类课题研究。学校德育工作注重实效,以《星级班级评比制度》为依托,狠抓学生养成教育。学校重视法制宣传教育工作。2009 年 6 月 1 日,《学法助我成长,守法在我心中》"常营地区青少年普法教育基地"揭牌仪式在学校隆重举行, "124N 反哺普法教育模式"正式运行。

为了打造和彰显民族团结教育特色,学校以"高质量打造实施民族团结教育的载体"为目标,确定了"课程为根,活动为源、文化为魂"的落实思路。学校的民族团结教育工作与课程建设进行了有机融合,着重从"国家课程重融入、地方课程校本化、校本课程显特色"三个方面进行。学校组织了课题攻关小组,梳理国家课程中民族团结教育的融入点,编印成册后作为教师们课堂教学的辅助用书;在各班开展了"一班一族"研究性学习活动;开发了民族武术、民族体育和民族乐器等 30 余门校本课程,并积极组建了攻关团队,组织编写了配套的校本教材。学校的民族团结教育工作与文化建设相结合,初步构建以"平等、团结、互助、和谐"为核心内容的主流价值体系。学校在制度(机制)建设上导向"主体意识和协作意识",努力构建平等、科学、高效的运转机制;在文化建设中,以"共创、共享"为策略,着力打造了彰显特色、体现进取的环境文化;组建了"办学质量督导团"和"教练团",全方位挖掘社区丰富的民族团结教育资源。

辛勤的耕耘取得了丰硕的成果。学校先后荣获"北京市民族团结教育示范学校""朝阳区普通中学特色建设学校""朝阳区法制宣传教育先进集体""朝阳区中考工作进步校""朝阳区教育系统师德建设先进单位""儿童阅读促进工程明星学校""京城最具幸福感领军中学"等荣誉称号。

北京市民族学校

Beijingshi Minzu Xuexiao

校 训

团结 勤奋 务实 创新

序

　　北京市民族学校是一所九年一贯制的学校，目前中学部有 12 个教学班，学生 280 余名，教职工 36 名。教师和学生由汉族、回族、满族、蒙古族、瑶族、土家族等多民族组成，其中少数民族主要为回族，师生少数民族比例约占总数的 20%。

　　为了实现学校的可持续和科学发展，学校干部教师经过多年来持续不断地探索，确立了"为学生未来奠基"的办学理念；在"环境优雅、机制优化、队伍优秀、质量优良、特色鲜明"办学目标的引领下，以"高质量打造民族团结教育示范校"为途径，通过一系列科学有效的教育教学和实践，使在校不同民族的所有学生都得到了相应的发展。

　　2011 年，学校在北京市教育学院朝阳分院关槐秀老师的指导下，参与录制了《民族传统体育教程》，已由中央广播电视大学音像出版社出版，并由中国教育电视台播出。2012 年，学校成功地通过了北京市民族教育学会组织的验收工作，荣幸地成为了"北京市民族团结教育示范校"。同时，学校围绕民族团结教育主题，组建攻关团队，聘请专家指导，先后开发、开设了一系列内容丰富的特色校本课程。

　　在体育学科方面，以民族传统体育项目为主要内容进行了开发和实践。其中，民族民间游戏、木球、铜锣球、珍珠球等校本课程深受学生喜爱，学生们在民族民间游戏中享受着健康成长的快乐，在各种民族球类活动中感受着中华民族积极向上的强大精神力量。

　　健康、美丽、聪明、快乐、勇敢是体育锻炼赋予参与者的美丽馈赠，而为孩子们搭建好参与体育锻炼的平台则是我们义不容辞的责任。让我们共同努力，为孩子们的健康成长创造出更多更好的、真正的"营养菜系"。

侯 运
北京市民族学校校长

写给北京市民族学校

2011 年，为落实中小学生每天锻炼一小时，录制的《阳光体育运动》音像教材，其中北京市民族学校（中学部）开发的"球的运动"，小学部开发的"民族民间体育游戏项目"，是"十二五"国家重点出版规划选题中两个重要的专题。此教材在北京教育学院体育与艺术学院陈雁飞院长的总策划下，由中央广播电视大学音像出版社出版发行。

2012年，北京市民族学校又参加共青团中央学校部主办的"中学生校园游戏100例"的创编与实施，该书由北京体育大学出版社出版发行，2014年入选国家新闻出版广电总局向全国青少年推荐百种优秀图书。北京市民族学校为全国中小学校广泛开展阳光体育、让游戏充满校园做出了突出贡献。

北京市民族学校紧紧把握当前教育改革发展的宏观形势，推广阳光体育运动，全校师生经过三四年的实验研究与实践，将民族体育融入学校素质教育之中，将传承民族体育文化与传播现代体育文化融为一体，将民族体育、民间游戏走进课堂教学，走进大课间操、课外活动中。同时为学生健身运动增添养分，让学生在阳光下健身强体，增进健康，让学生在快乐中认同民族文化。

新修定的《体育与健康课程标准》，尤其是对课程资源开发与利用的建议，为民族学校开发民族体育校本教程鼓足信心。作为九年一贯制的中学，学校引领师生不断地追求新知，完善素质教育走创新之路，使体育课成为学生最爱上的课，学校体育文化生活成为学生最快乐的"金色时光"，在校本教程开发的同时，把课间操（早操）、课外活动、运动队体能素质练习和体育锻炼基础知识等进行了全面的整合，为培养全面发展的人才，打造"品牌"创建特色校而努力。

北京市民族学校邀请我担任《中学体育校本教程》的总设计编导，深感荣幸！这是责任，更是一次学习的好机会。我衷心祝愿学校素质教育、创新体育教育走向新的成功，希望集体智慧创编的《中学体育校本教程》能给师生带来快乐和健康，携手共进，弘扬正能量，让我们一起为做一名中国好教师，为实现中国梦而努力。

关槐秀

北京市教育学院朝阳分院

目 录

第一章
大课间操（早操）

（一） 秧歌操

　　这是一套手持彩绸的秧歌操，是将秧歌的基本步伐与基本体操相结合而创编的。这套秧歌操的特点是轻盈活泼，动作幅度大，步伐平稳有弹性，手臂的摆动有韧性，动率变化鲜明，情绪欢快豪放。通过秧歌操的练习，学生不仅增强了体质，而且对我国的民间广场文化艺术有了进一步的了解。

1. 头部运动（ 4×8 拍）

预备姿势：两脚起踵立，两手叉腰。

（1）第一个八拍

1 拍　左脚跟落下，右脚屈膝踵立（滚动步），同时头前屈。

2 拍　右脚跟落下，左脚屈膝踵立（滚动步），同时头还原。

3 拍　滚动步，同时头后屈。

4 拍　滚动步，同时头还原。

5 拍　滚动步，同时头左转。

6 拍　滚动步，同时头还原。

7 拍　滚动步，同时头右转。

8 拍　滚动步，同时头还原。

（2）第二个八拍

同第一个八拍，但第8拍成直立。

（3）第三个八拍

1拍　　左脚向左侧迈步，同时两臂向左摆动（横扭步），头向左转。

2拍　　右脚向左前交叉步，同时两臂经下向右摆动（横扭步），头向右转。

3-4拍　左脚向左迈出踏步，接着右脚、左脚跳步，同时两臂向下经左绕环至右臂侧举，右臂胸前平屈，头随臂绕环方向转动。

5-8拍　同1-4拍动作，但方向相反。

（4）第四个八拍

同第三个八拍，但第8拍成直立。

2. 伸展运动（4×8 拍）

预备姿势：直立。

（1）第一个八拍

1 拍　　左脚向右前方迈一步，同时两臂左摆（十字步）。

2 拍　　右脚向左前方迈一步，同时两臂右摆（十字步）。

3 拍　　左脚向后撤，同时两臂左摆（十字步）。

4 拍　　右脚向后撤，成直立（十字步）。

5 拍　　两腿屈伸一次，上体向左转 45 度，同时两臂前向上甩臂一次。

6 拍　　两腿屈伸一次，上体向右转 45 度，同时两臂前向上甩臂一次。

7–8 拍　同 5–6 拍。

（2）第二个八拍

同第一个八拍。

（3）第三个八拍

1—4拍　右脚步开始向前2步，第3步左脚后退一步，第4步右脚后退一步成直立，
　　　　同时两臂左右摆动（二进二退步）。

5拍　　左脚向前一步，重心前移成后点地立，同时两臂经前至侧上举，抬头。

6拍　　重心后移成后弓步，同时两臂经前至后举，掌心向上。

7拍　　同5拍动作。

8拍　　还原成直立，同时两臂落下。

（4）第四个八拍

同第三个八拍。

3. 肩部运动（4×8拍）

预备姿势：直立。

（1）第一个八拍

1-4拍　从左向后转体180度，左脚开始向前迈3步（平扭步），第4步成直立，
　　　同时左臂开始两臂伸直依次向前绕环（左臂绕2周半，右臂绕1周半）。

5-8拍　蹲转180度，同时两臂向下摆动。

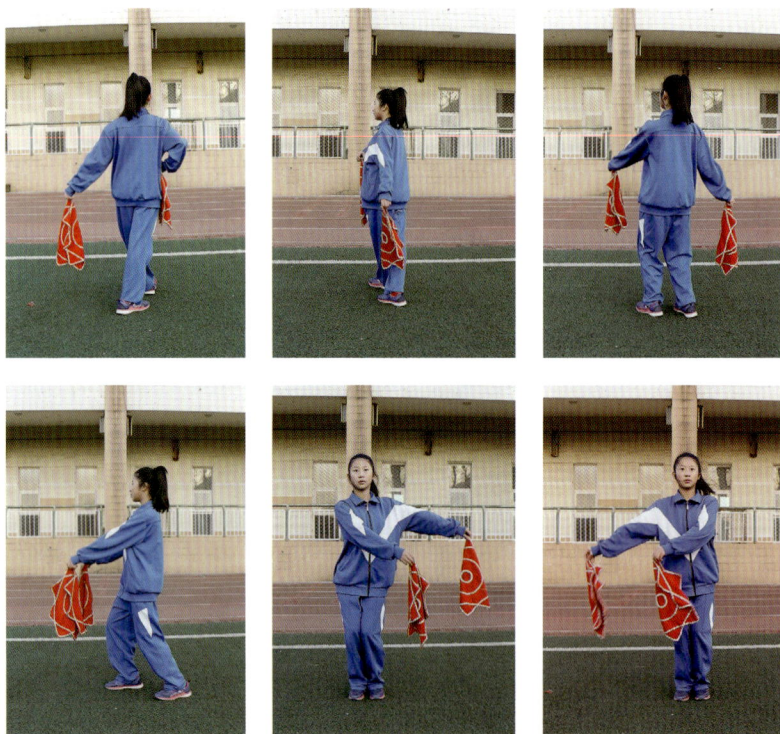

（2）第二个八拍

1-4拍　向前走4步，两臂胸前平屈，掌心向外，同时从右臂开始，以胸带肩依
　　　次向前绕环。

5-8拍　原地蹲步，同时两臂上举左右摆动。

（3）第三个八拍

同第一个八拍。

（4）第四个八拍

同第二个八拍。

4. 扩胸运动（4×8拍）

预备姿势：直立。

（1）第一个八拍

1-4拍　十字步。

5拍　　向右转体45度，左脚向前迈出一步成后点地立，同时两臂体前交叉经前至侧举（掌心向前）扩胸。

6拍　　重心后移成前点地立（右腿微屈），同时两臂还原成体前交叉。

7拍　　重心前移成5拍的姿势。

8拍　　向左转体45度还原成直立。

（2）第二个八拍

1–4 拍　左腿起步的十字步。

5–8 拍　同第一个八拍的 5–8 拍的动作，但方向相反。

（3）第三个八拍

1-4拍　二进二退步，同时两臂左右摆动。

5拍　　左脚向前迈出一步成后点地立，同时两臂体前交叉经前侧举（掌心向前）扩胸。

6拍　　重心后移成前点地立（右腿微屈），同时两臂还原成体前交叉。

7拍　　重心前移成5拍的姿势。

8拍　　还原成直立。

（4）第四个八拍

1-4拍　左腿起步的二进二退步。

5-8拍　同第三个八拍5-8拍的动作。

5. 体侧运动（4×8拍）

预备姿势：直立。

（1）第一个八拍

1–3拍 向左转体90度，左脚开始向前迈3步，两臂左右摆动（平扭步）。

4拍 左腿直立，右腿贴近左腿后屈，同时两臂经下向右绕至左臂侧举，右臂上举托掌（顺风旗），上体左侧屈。

5–7拍 向左转体90度，右脚开始的平扭步3步。

8拍 右腿直立，左腿贴近左腿后屈，同时两臂经下向左绕至右臂侧举，左臂上举托掌（顺风旗），上体右侧屈。

（2）第二个八拍

同第一个八拍，但第 8 拍成直立。

第三、四个八拍

同第一个八拍，但向右转体，右脚开始动作。

6. 体转运动（4×8 拍）

预备姿势：直立。

（1）第一个八拍

1–2 拍　向左转体 90 度，平扭步 2 步，两臂向左右摆动。

3 拍　　左脚落地同时向右转体 90 度，两臂向左摆动。

4 拍　　向右转体 90 度，同时右腿向后撤一步成后弓步，上体前倾，左臂前摆，右摆后摆。

5 拍　　两臂经下摆至右臂前摆，左臂后摆，同时上体左转。

6 拍　　两臂经下摆至左臂前摆，右臂后摆，同时上体右转。

7 拍　　同 5 拍的动作。

8 拍　　左腿蹬地还原成直立。

（2）第二个八拍

同第一个八拍。

（2）第三个八拍

同第一个八拍。

（2）第四个八拍

同第一个八拍，但 8 拍向右转体 90 度还原成直立。

7. 踢腿运动 4×8 拍

预备姿势：直立。

(1) 第一个八拍

1–4拍　十字步成直立（稍屈膝）。

5拍　　两腿伸直，右腿起踵，左腿向前踢至90度，同时左臂侧举（掌心向下）。

6拍　　还原成4拍的姿势。

7拍　　同5拍的动作，但动作相反。

8拍　　还原成直立。

(2) 第二个八拍

同第一个八拍。

（3）第三个八拍

1–2拍　向左横扭步。

3拍　　右腿后踢，同时两臂上摆。

4拍　　成直立（掌心向前）。

5–8拍　同1–4拍，但方向相反。

（4）第四个八拍

同第三个八拍。

8. 全身运动（4×8拍）

预备姿势：直立。

（1）第一个八拍

1–3拍　十字步2步，第3步左腿向后撤一大步成前弓步，同时左臂后摆，右臂
　　　　经屈肘经胸前绕至前举（掌心向上）。

4拍　　右脚蹬地收回成右侧点地立，两臂侧举。

5–8拍　同1–4拍，但从右脚开始，动作方向相反。

（2）**第二个八拍**

同第一个八拍。

（2）**第三个八拍**

同第一个八拍。

（2）**第四个八拍**

同第一个八拍，但最后一拍成直立。

9.跳跃运动（4×8拍）

预备姿势：直立。

（1）第一个八拍

1 拍　　左脚向前迈一步，两臂右摆。

2 拍　　右腿向前跳一步，同时收左腿靠在右小腿侧，向左转体90度，两眼看右手。

3–4 拍　向左转体90度向前跑2步，两臂左右上摆。

5 拍　　原地左脚跳，右腿微屈，右膝靠近左腿，左臂侧摆，右臂上摆。

6 拍　　同5拍，但方向相反。

7–8 拍　原地跳2次，两臂左右上摆。

（2）第二个八拍

1 拍　　左脚向前跳一次，右腿靠近左腿，两臂左摆，同时向右转体 90 度，向前
　　　　跑 2 步，两臂上举左右摆动。

5–6 拍　同第一个八拍的 5–6 拍。

7–8 拍　同第一个八拍的 7–8 拍。

（3）第三个八拍

同第一个八拍。

（4）第四个八拍

同第二个八拍。

10. 整理运动（4×8拍）

预备姿势：直立。

（1）第一个八拍

原地两个十字步。

（2）第二个八拍

原地顿步。

（3）第三个八拍

原地向前踢腿摆臂。

（4）第四个八拍

1-2 拍　右腿向前迈一步，重心随之前移，两臂经两侧斜上举，稍抬头。

3-4 拍　右腿微屈，左腿伸直，重心移到右腿，两臂从斜上举经前至斜下举。

5-6 拍　同 1-2 拍。

7-8 拍　两腿还原成直立，两臂从斜上举经上举慢慢往下按掌至腹前。

中学生秧歌操曲谱

张 伟曲

1= C 4/4

i. 2̣ 3 5 3 2̇ 7 6 | 5 - - | 5. 3̣ 5 6 i. 6 | i. 2̇ 3 2̇ i - | i. 2̇ 3 5 3 3 2̇ i |

3. 5̣ 6 3 5 - | 3. 5̣ 6 3 5. 6 | 3. 5̣ 6 i 5 - | 3. 5̣ 6 i 5 6 i 7 |

6 4 3 2 1 i 2̇ | 3̇ 3̇ 3̇ 3̇ 2̇ i i 2̇ | 3̇ 3̇ 3̇ 3̇ 2̇ i - | i. 2̇ 3 5 3 2̇ i 6 |

2̇ - - i 2̇ | 3̇ 3̇ 3̇ 3̇ 2̇ i i 2̇ | 3̇ 3̇ 5̇ 3̇ 2̇ i - | i. 2̇ 3 5 3 2̇ 7 6 |

3 - - | 3. 5̣ 6 3 5. 6 | 3. 5̣ 6 i 5 - | 3. 5̣ 6 i 6 5 6 i | 2̇ - - 6 i |

2̇ - 6 - | 3. 5̣ 2̇ - | i - - - | i - - - | i 0 0 0 ‖

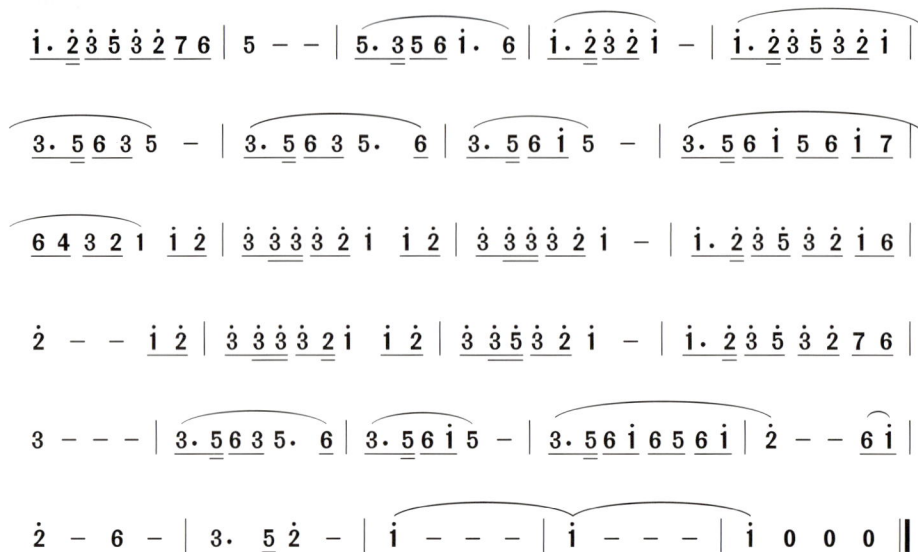

中学生秧歌操音乐长度

节数	名称	节拍
	音乐前奏	2×8
	准备运动	2×8
1	头部运动	4×8
2	伸展运动	4×8
3	肩部运动	4×8
4	扩胸运动	4×8
5	体侧运动	4×8
6	体转运动	4×8
7	踢腿运动	4×8
8	全身运动	4×8
9	跳跃运动	4×8
10	整理运动	4×8

（二）搏击操

　　根据中学生的身心特点创编搏击操，其目的是使学生掌握正确的动作概念，为学习武术套路动作做好准备。学习搏击操能够更有效地锻炼身体，培养勇敢、顽强、机智、果断的优良品质，达到全面发展身心健康的目的。

　　搏击操的特点：以攻防格斗为主，内容有散打、跆拳道、摔跤、八极拳等，动作刚柔，动静结合，具有艺术性和竞技性，在节奏明快的音乐伴奏下，使学生的身心得到全面的发展。

1. 准备运动（4×8 拍）

前奏：2×8 拍。

准备运动：4×8 拍。

（1）第一、第二个八拍

随音乐前后跳动。

（2）第三、第四个八拍

随音乐左右跳动。

2. 头肩运动（8×8 拍）

预备姿势：半蹲，双拳放于肩侧。

（1）第一个八拍

1-4 拍　头向左拧转一次。

5-8 拍　头向右拧转一次。

（2）第二个八拍

1–2 拍　左摆头。

3–4 拍　右摆头。

5–6 拍　左摆头。

7–8 拍　右摆头。

（3）第三个八拍

同第一个八拍。

（4）第四个八拍

同第二个八拍。

（5）第五个八拍

1–2 拍　出左肘。

3–4 拍　出右肘。

5–6 拍　出左肘。

7–8 拍　出右肘。

（6）第六个八拍

1–2 拍　出左拳。

3–4 拍　出右拳。

5–6 拍　出左拳。

7–8 拍　出右拳。

（7）第七个八拍

同第五个八拍。

（8）第八个八拍

同第六个八拍。

3. 体转运动（4×8 拍）

预备姿势：半蹲，双手成拳放于面前肩侧。

（1）第一个八拍

1–2 拍　向左转。

3–4 拍　向右转。

5–6 拍　向左出右拳。

7–8 拍　向右出左拳。

（2）第二个八拍

同第一个八拍。

（3）第三个八拍

1–2 拍　向左转。

3–4 拍　向右转。

5–6 拍　向左出右拳。

7–8 拍　向右出左拳。

（4）第四个八拍

同第三个八拍。

4. 上肢运动（4×8拍）

预备姿势：半蹲，双拳放于肩侧。

（1）第一个八拍

1–2拍　向左上一步出左拳。

3–4拍　向左再上一步出左拳。

5–6拍　向右退一步出左拳。

7–8拍　向右再退一步出左拳。

（2）第二个八拍

同第一个八拍，方向相反。

（3）第三个八拍

1–2拍　左脚向前上一步出左拳。

3–4拍　向前再上一步出左拳。

5–6拍　向后退一步出左拳。

7–8拍　向后再退一步出左拳。

（4）第四个八拍

1–2拍　右脚向前上一步出右拳。

3–4拍　向前再上一步出右拳。

5–6拍　向后退一步出右拳。

7–8拍　向后再退一步出右拳。

5. 四肢运动（4×8 拍）

预备姿势：马步。

（1）第一个八拍

1–2 拍　出左拳。

3–4 拍　出右拳。

5–6 拍　出右拳。

7–8 拍　提左膝

（2）第二个八拍

向右出拳提膝，同第一个八拍方向相反。

（3）第三个八拍

向左出拳提膝，同第一个八拍。

（4）第四个八拍

向右出拳提膝，同第二个八拍。

6. 踢腿运动（4×8拍）

预备姿势：马步。

（1）第一个八拍

1–2拍　左腿前蹬。

3–4拍　还原。

5–6拍　右腿前蹬。

7–8拍　还原。

（2）第二个八拍

前蹬，同第一个八拍。

（3）第三个八拍

1–2拍　右脚做后插步。

3–4拍　还原。

5–6拍　左脚做后插步。

7–8拍　还原。

（4）第四个八拍

向右侧踹，同第三个八拍，但方向相反。

7. 腹背运动（4×8 拍）

预备姿势：马步。

（1）第一个八拍

1-2 拍　左脚向左迈一步，同时伸左手。

3-4 拍　右脚向左脚后做插步，同时右手向上。

5-6 拍　左脚并向右脚，同时做大背。

7-8 拍　还原。

（2）第三个八拍

同第一个八拍，方向相反。

（3）第三个八拍

同第一个八拍。

（4）第四个八拍

同第一个八拍，方向相反。

8. 腰部运动（4×8 拍）

预备姿势：直立。

（1）第一个八拍 闪躲

1-4 拍　向左闪躲。

5-8 拍　向右闪躲。

（2）第二个八拍

同第一个八拍。

（3）第三个八拍

1–2拍　左手向下格挡，同时向右转。

3–4拍　右手向下格挡，同时向左转。

5–6拍　同1–2拍。

7–8拍　同3–4拍。

（4）第四个八拍

1–2拍　左手向下格挡，同时向右转。

3–4拍　右手向下格挡，同时向左转。

5–8拍　同1–4拍。

9. 全身运动（8×8拍）

预备姿势：马步。

（1）第一个八拍

向左连续提膝 3 次、出拳一次。

（2）第二个八拍

同第一个八拍，方向相反。

（3）第三个八拍

同第一个八拍。

（4）第四个八拍

同第一个八拍，方向相反。

（5）第五个八拍

1-2 拍　向左直拳。

3-4 拍　向右直拳

5-8 拍　二踢脚。

（6）第六个八拍

同第五个八拍，方向相反

（7）第七个八拍

同第五个八拍。

（8）第八个八拍

同第六个八拍。

10. 跳跃运动（4×8拍）

预备姿势：马步。

（1）第一个八拍

1–2 拍　向左跳动两次。

3–4 拍　向左出右拳。

5–6 拍　向右跳动两次。

7–8 拍　向右出左拳。

（2）第二个八拍

同第一个八拍。

（3）第三个八拍

1–2 拍　左脚向前越步直拳。

3–4 拍　左脚向左越步直拳。

5–8 拍　两臂向上举两次。

（4）第四个八拍

1–2 拍　右脚向前跃步直拳。

3–4 拍　右脚向右跃步直拳。

5–8 拍　两臂向上举两次。

11. 整理运功（8×8拍）

预备姿势：直立。

（1）第一、第二个八拍

左搂膝拗步。

（2）第三、第四个八拍

右搂膝拗步。

（3）第五个八拍

左倒卷肱。

（4）第六个八拍

右倒卷肱。

（5）第七个八拍

极开合。

（6）第八个八拍

按掌收脚。

中学生搏击操音乐长度

节数	名称	节拍
1	头部运动	4×8
2	头肩运动	8×8
3	体转运动	4×8
4	上肢运动	4×8
5	四肢运动	4×8
6	踢腿运动	4×8
7	腹背运动	4×8
8	腰部运动	4×8
9	全身运动	8×8
10	跳跃运动	4×8
11	整理运动	8×8

中学生搏击操曲谱

张 伟曲

1= G 4/4

```
3 0 0 0 | 0 0 1 2 | 3 0 0 0 | 0 0 1 2 | 3 — 5 — | 3 5 3 2 |

3 — — — | 3 — 3 5 | 6 — i — | 6 i 6 5 | 6 — — — | 6 — — — |

3 3 5 3 2 3  3 2 | 3 3 5 3 2 3  3 2 | 3 3 5 3 2 3 5 i | 6 — — — |

6 6 i 6 5 6  6 5 | 6 6 i 6 5 6  6 5 | 6 6 i 6 5 6 2 5 | 3 — — 1 2 |

3 3 5 3 2 1 7 6 | 3 3 5 3 2 1 7 6 | 3 3 5 3 2 1 2 3 6 | 5 — — 3 5 |

6 6 i 6 5 6 5 3 | 6 6 i 6 5 6 5 3 | 6 6 i 6 5 3 2 1 5 | 6 — — — |

3 3 5 3 2 3  3 2 | 3 3 5 3 2 3  3 2 | 3 3 5 3 2 3 5 i | 6 — — — |

6 6 i 6 5 6  6 5 | 6 6 i 6 5 6  6 5 | 6 6 i 6 5 6 2 5 | 3 — — 1 2 |

3 3 5 3 2 1 7 6 | 3 3 5 3 2 1 7 6 | 3 3 5 3 2 1 2 3 6 | 5 — — 3 5 |

6 6 i 6 5 6 5 3 | 6 6 i 6 5 6 5 3 | 6 6 i 6 5 3 2 1 5 | 6 — 3 5 |

6. i 6 5 | 6 — 3 5 | 6. i 6 5 | 6 — 3 5 | 6. i 6 5 | 6 — 2 5 |

3 — — — | 3 — 3 5 | 6. i 6 5 | 6 — 3 5 | 6. i 6 5 | 6 — 3 5 |

6. i 6 5 | 3 2 1 5 | 6 — — — | 6 — — — | 3 3 2 3 3 2 |
```

3 5 3 3̲2̲ | 3 3̲2̲ 3 6 | 3 − − − | 3 3̲2̲ 3 3̲2̲ | 3 6 3 3̲1̲ |

2 2̲3̲ 2 1 | 6̣ − − − | 6 6̲5̲ 6 6̲5̲ | 6 i̇ 6 6̲5̲ | 6 6̲2̲̇ i̇ 6 |

5 − − − | 3 3̲2̲ 3 3̲2̲ | 3 6 3 3̲1̲ | 2 2̲3̲ 2 1 | 6̣. 0 0 0 3̲5̲ |

6 − − i̇ | 6. i̲̇ 6 5 | 6 − 2̇ i̇ | 6. i̲̇ 6 5 | 6 − − i̇ | 6 5 2 5 |

3 − − − | 3 − − 6̲ 1̲̣ | 2 − − 3 | 5. 6̲ 5 3 | 2 − 2 3 |

5. 6̲ 5 3 | 2 − 3 5 | 6 2̇ i̇ 6 | 5 − − − | 5 − − 3̲5̲ | 6 − − i̇ |

6. i̲̇ 6 5 | 6 − 2̇ i̇ | 6. i̲̇ 6 5̇ | 6 − − i̇ | 6 5 2 5 | 3 − − − |

3 − − 6̲ 1̲̣ | 2 − − 3 | 5. 6̲ 5 3 | 2 − 2 3 | 5. 6̲ 5 3 | 2 − 2 5 |

3 2 1 5̣ | 6̣ − − − | 6̣ − − − | 3̲3̲5̲3̲2̲3̲ 3̲2̲ | 3̲3̲5̲3̲2̲3̲ 3̲2̲ |

3̲3̲5̲3̲2̲3̲ 5̲i̲̇ | 6 − − − | 6̲6̲i̲̇5̲6̲ 6̲5̲ | 6̲6̲i̲̇5̲6̲ 6̲5̲ |

6̲6̲i̲̇5̲6̲ 6̲5̲ | 6̲6̲i̲̇5̲6̲ 2̲5̲ | 3 − − 1̲2̲ | 3̲3̲5̲3̲2̲1̲ 7̲6̲̣ |

3̲3̲5̲3̲2̲1̲ 7̲6̲̣ | 3̲3̲5̲3̲2̲1̲2̲3̲6̲ | 5 − − 3̲5̲ | 6̲6̲i̲̇5̲6̲5̲6̲5̲3̲ |

6̲6̲i̲̇5̲6̲5̲6̲5̲3̲ | 6̲6̲i̲̇5̲3̲2̲1̲5̲̣ | 6̣ − − 5̲5̲ | 6 0 0 0 ‖

（三） 健舞操

1. 上肢运动（4×8 拍）

预备姿势：小八字位，双手自然下垂，头正直，眼看正前方。

动作特点：蒙古族硬腕风格、动作豪迈、挺拔、舒展。

手型要求：扳手（四指并拢，拇指张开）。提压手腕、臂波浪动作要有力度。

（1）第一个八拍

1–2 拍　体前 90 度提、压腕一次。

3–4 拍　体侧 90 度提、压腕。

5–8 拍　同 1–4 拍。

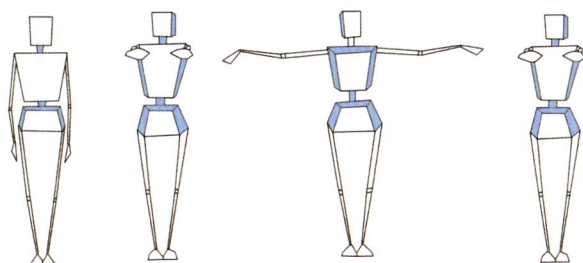

（2）第二个八拍

1–7 拍　左脚向后迈一步成支撑脚，右脚前点地；双臂侧举做交替"臂波浪"（左臂先起）3 次。

8 拍　　回到准备位。

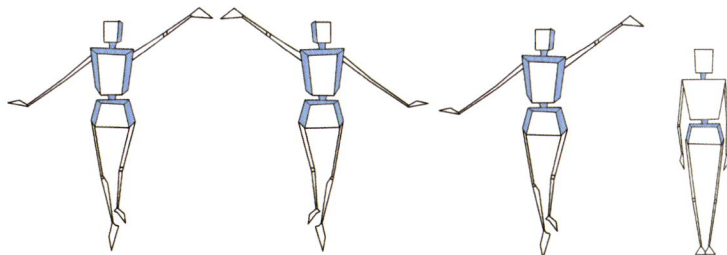

（3）第三个八拍

同第一个八拍，方向相反。

（4）第四个八拍

同第二个八拍，方向相反。

2. 肩胸运动（4×8拍）

预备姿势：小八字位，直立。

动作特点：蒙古族硬肩风格，动作挺拔、豪放，有力度，节奏鲜明。"勒马步"含胸、展胸动作幅度要大。

（1）第一个八拍

1–2拍　身体转向左前45度，右脚进一步；同时双手握拳（左臂在前）自右向左画圈于体前含胸"拉缰绳"。

3–4拍　右脚后退一步，同时身体后展成勒马状。

5–8拍　同1–4拍。

（2）第二个八拍

右脚在前"小踏步位"。双手叉腰做蒙古族"硬肩"动作3次。

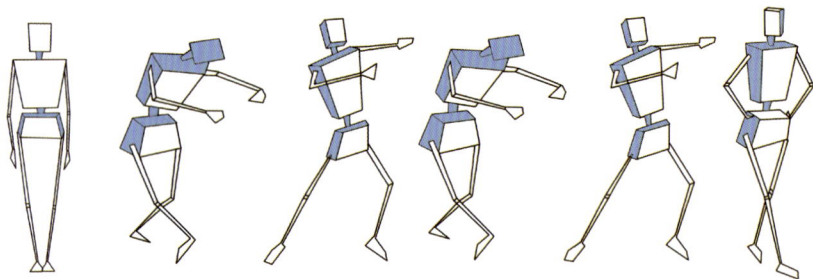

（3）第三个八拍

面向右前方45度，动作同第一个八拍，方向相反。

（4）第四个八拍

面向右前方45度，动作同第二个八拍，方向相反。

3. 四肢运动（4×8拍）

预备姿势：小八字位，直立。

动作特点：蒙古族硬腕风格，动作豪迈、挺拔、舒展。手型要求：扳手。

（1）第一个八拍

1–4 拍　左脚起步向左横移两步；同时双臂由内向外交叉绕环一周成 90 度平举（掌心向下）。

5–6 拍　左脚向左横向迈一步成左侧弓步，同时双臂侧平举提压腕一次。

7–8 拍　左脚收回成小八字位。继续一次提压腕，只是左臂上提至斜上举。

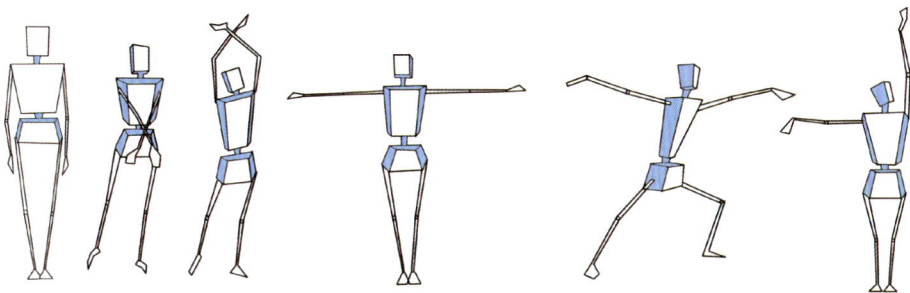

（2）第二个八拍

动作同同第一个八拍，方向相反。

（3）第三个八拍

动作同第一个八拍。

（4）第四个八拍

动作同第二个八拍。

4. 髋部运动（4×8拍）

预备姿势：小八字位，直立。

动作特点：苗族舞蹈风格，动作欢快、活泼。髋部动态较大，女生身体呈 S 形。

（1）第一个八拍

1–4 拍　左转 90 度迈右脚双脚开立，并右、左摆髋来回 2 次，同时双臂同方向"托按掌位"（右臂上举，掌心向上，左臂于胸前掌心向下）右左摆动来回 2 次（一拍一动）。

5–8 拍　右脚先起步做"苗族垫步" 2 次（右脚迈 1 小步，左脚跟随于右脚旁点地）；双臂于体侧下 30 度向前画圈，同时身体随髋、胸前后画圈。

（2）第二个八拍

转体 90 度，动作同第一个八拍。

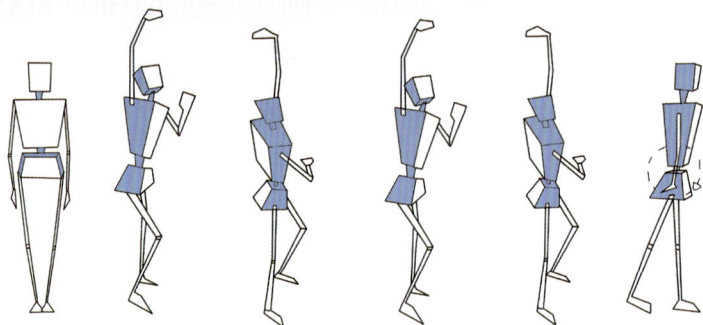

（3）第三个八拍

再转体 90 度，动作同第一个八拍。

（4）第四个八拍

再转体 90 度，回到预备位，动作同第一个八拍。

5. 踢腿运动（4×8 拍）

预备姿势：小八字位，直立。

动作特点：苗族舞蹈动作风格，欢快、活泼。后踢腿时要求大腿尽可能高抬起。

（1）第一个八拍

1 拍　　左脚前踢成"踢毽"状；左小臂上举，右臂于斜下方，双手握拳。

2 拍　　双臂相反，左脚后撤成侧弓步。

3 拍　　同 1 拍动作。

4 拍　　立正。

5-8 拍　同 1-4 拍，方向相反。

（2）第二个八拍

1–2拍　右脚踏跳1步，同时，左腿向后踢起弯曲；双手于体前击掌（要求击掌
　　　　时手从体前向外用力）。

3–4拍　做1–2拍的相反动作。

5–6拍　同1–2拍的动作。

7–8拍　回到预备位。

（3）第三个八拍

动作同第一个八拍，方向相反。

（4）第四个八拍

动作同第二个八拍，方向相反。

6.体侧运动（4×8拍）

动作要求：新疆维吾尔族舞蹈风格，女子挺拔、高傲；男子活泼、开朗；身体
动律微颤而不蹿。

（1）第一个八拍

1–2拍　左脚原地跺一步；同时，双手于体下方翻腕。

3–4拍　右脚后点地；左臂左上举，掌心向外，右臂于头后"托帽"，抬头、挺
　　　　胸，身体随动律自然摆动（一拍一动，重拍向左）。

5–6拍　姿势不变，身体继续摆动。

7–8拍　收右脚。

（2）第二个八拍

1–2拍　左脚原地踏一步；双臂自左向右绕环。

3–4拍　女生左腿弯屈，右脚旁点地；双臂落至左臂头上举，掌心向上，右臂右
　　　　侧举，掌心向外；同时腰向右屈。男生左腿弯曲，右脚于右侧勾脚；双
　　　　手于身体右侧握拳，拇指翘起，同时腰向右屈。

5-6拍　女生身体随动律向左摆动一次。男生身体向右摆动一次。

7-8拍　收回预备位。

（3）第三个八拍

向右做第一个八拍的相反动作。

（4）第四个八拍

向右做第二个八拍的相反动作。

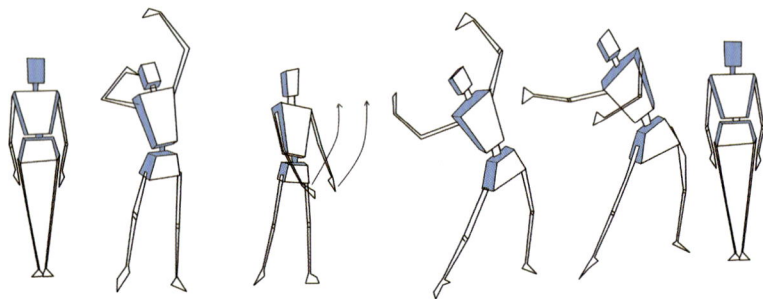

7. 体转运动（4×8拍）

预备姿势：小八字位，直立。

动作特点：新疆维吾尔族舞蹈风格，女子挺拔、高傲；男子活泼、开朗；身体动律微颤而不蹲。

（1）第一个八拍

1拍　右脚进一步，重心移至右脚，左脚微离地；同时，双手臂于体前交叉。

2拍　左脚落地；双臂向身体两侧打开。

3拍　右脚后退一步，重心移至右脚，左脚微离地；右手扶左肩，左手背后。

4拍　左脚落地。

5-6拍　同1-2拍。

7-8拍　左手扶右肩，右手背后。

（2）第二个八拍

以左脚为动力腿，原地"踏点步"右转360度（一拍一动）。

（3）第三个八拍

动作同第一个八拍，方向相反。

（4）第四个八拍

动作同第二个八拍，方向相反。

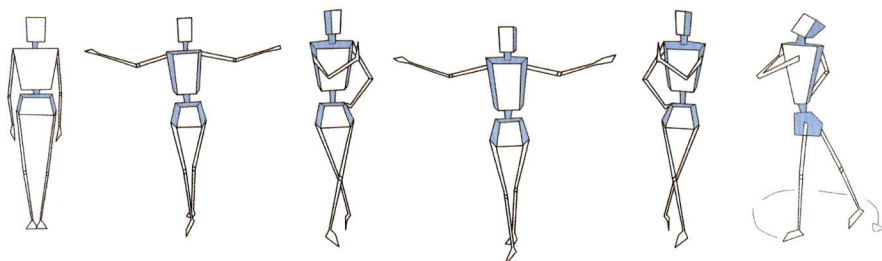

8. 全身运动（4×8拍）

预备姿势：小八字位，直立。

动作特点：藏族弦子舞风格，粗犷，豪放。双膝颤动，重心较向下，双臂甩袖动作要舒展。

（1）第一个八拍

1–4拍　藏族"三步一撩"（左脚起步向左走3步，第4步右脚向左前方撩踢起）；双臂于身体两侧，掌心向下，第4步右手自下向左上方甩袖。身体自然摆动。

5–8拍　同1–4拍，方向相反。

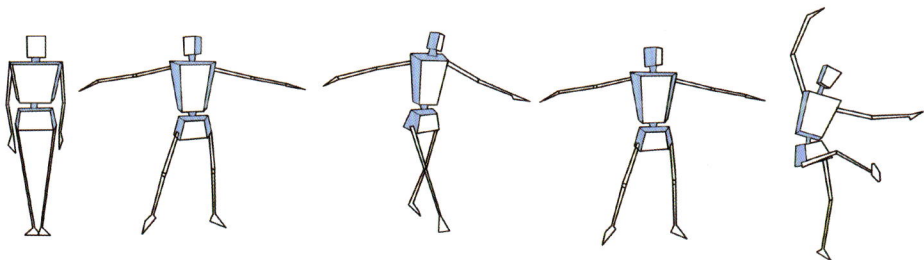

（2）第二个八拍

1–2拍　左脚后退一步，同时右脚微离地，双臂于体侧向下甩袖；身体前屈。

3–4拍　双臂向斜上方甩袖。

5–8拍　同1–4拍。

（3）第三个八拍

动作同第一个八拍，方向相反。

（4）第四个八拍

动作同第二个八拍，方向相反。

9.跳跃运动（4×8拍）

预备姿势：小八字位，直立。

动作特点：藏族踢踏风格，动作要有节奏，上体保持不动，下肢幅度要大。

（1）第一个八拍

1–6拍　右脚经后勾踢落至左前方，同时左脚原地跳4次；双臂于体侧下方随节奏前摆3次（二拍一动）。

7–8拍　收右脚，成并步；双手侧平举掌心向下。

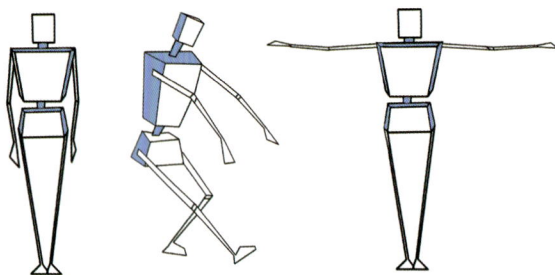

（2）第二个八拍

1拍　　双脚、左脚、右脚依次跳起落地，重心在左脚。双臂保持侧举。

2拍　　双脚回到正步位，上体保持不动。

3–6拍　反复1–2拍动作两次。

7–8拍　收至预备姿势。

（3）第三个八拍

动作同第一个八拍，方向相反。

（4）第四个八拍

动作同第二个八拍，方向相反。

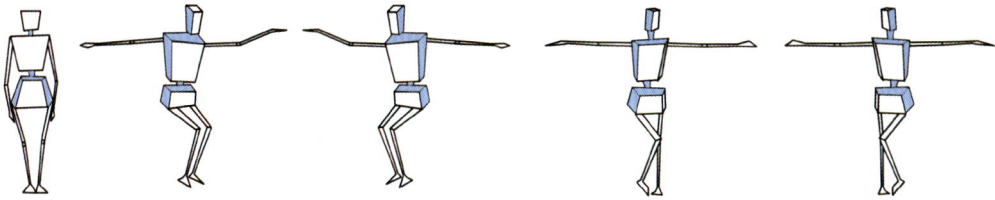

10. 整理运动（4×8拍）

预备姿势：小八字位，直立。

动作特点：藏族弦子风格，上身松弛，脚下有弹性。

（1）第一个八拍

1-8拍　左脚起步向前"三步一撩"两次，双臂慢慢上举，掌心向上。

（2）第二个八拍

1-2拍　向右迈右脚，轻轻落地，双手叉腰。

3-4拍　左脚落在右脚旁，脚跟落地。

5-8拍　做1-4拍的相反动作。

（3）第三个八拍

向后退做"三步一撩"2次，双臂慢慢下落于体侧，掌心向上。

（4）第四个八拍

动作同第二个八拍。

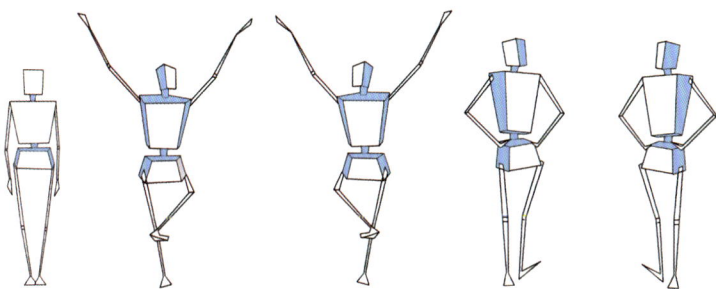

中学生健舞操曲谱

1= F 4/4

张 伟 曲

1. 1 3 5 0 0 | 5. 5 2 5 0 0 | 1. 1 3 5 0 1 1 3 5 | 5. 5 2 5 0 5 5 2 5 |

1 1 3 1 3 1 3 5 0 | 5 5 2 5 2 5 2 5 0 | 1 1 3 1 3 1 3 5 5 3 5 3 5 3 |

5 5 2 5 2 5 2 5 5 2 5 2 5 2 | 1 1 3 1 3 5 3 0 | 5 5 6 5 1 3 0 | 1 1 3 1 3 5 1 5 3 |

1 5 5 5 1 2 0 | 1 1 3 1 3 5 3 0 | 5 5 1 5 1 3 0 | 5 1 1 1 5 3 5 5 5 3 |

2 5 5 5 2 1 2 3 | 5 — — 6 1 | 1 — — — | 6. 1 2 3 | 5 — — — |

5 — — 6 1 | 1 — — 6 1 | 2. 3 5 3. 2 | 1 — — 6 | 6 — — 1 |

1= ♭A

6 5 6 3 6 | 1. 6 6 5 | 3 — — 6 | 6 — — 1 | 6 5 6 3 6 |

1 2 3 5 1 | 6 — — — | 1 1 3 1 3 5 3 0 | 5 5 6 5 1 3 0 | 1 1 3 1 3 5 1 5 3 |

1 5 5 5 1 2 0 | 1 1 3 1 3 5 3 0 | 5 5 1 5 1 3 0 | 5 1 1 1 5 3 5 5 5 3 |

2 5 5 5 2 1 5 6 7 | 1 — — 7 6 7 | 1 — — — | 7. 2 2 3 2 1 7 6 |

7 5. 5 5 6 7 | 1 — — 7 6 7 | 1 — — — | 7. 1 7 6 5 4 3 4 | 4 2. 2 — |

5 5 5 1. 7 6 7 1. 6 | 5 5 5 1. 6 5 6 5 4 3 | 5 5 6 5 4 3. 2 3 4 | 5 — — — |

5 5 5 1. 7 6 7 1. 6 | 5 5 5 1 1 6 5 6 5 4 3 | 1 1 2 3 5 4 3 4 | 4 2. 2 2 3 |

5 - - 6 1̲ | 1̇ - - - | 1̇·2̇ 2̇1̇65 | 5 - - - | 5 - - 6 1̲ |

1 - - 6̣1̣ | 2·3̲5̲5̲3̲ 2̲3̲2̲1̲ | 1 - - - | 1̲1̲3̲1̲3̲5̲3̲0 |

5̲5̲6̲5̲1̲3̲0 | 1̲1̲3̲1̲3̲5̲1̲̇5̲3̲ | 1̲5̲5̲5̲1̲2̲0 | 1̲1̲3̲1̲3̲5̲3̲0 |

5̲5̲1̲̇5̲1̲3̲0 | 5̲1̲̇1̲̇1̲̇5̲3̲5̲5̲5̲3̲ | 2̲5̲5̲5̲2̲1̲0 | 1̲1̲3̲1̲3̲5̲3̲0 |

5̲5̲6̲5̲1̲3̲0 | 1̲1̲3̲1̲3̲5̲1̲̇5̲3̲ | 1̲5̲5̲5̲1̲2̲0 | 1̲1̲3̲1̲3̲5̲3̲0 |

5̲5̲1̲̇5̲1̲3̲0 | 5̲1̲̇1̲̇1̲̇5̲3̲5̲5̲5̲3̲ | 2̲5̲5̲5̲2̲1̲5̲5̲ | 1̇ 0 0 0 ‖

中学生健舞操音乐长度

节数	名称	节拍
1	上肢运动	4×8
2	肩胸运动	8×8
3	四肢运动	4×8
4	髋部运动	4×8
5	踢腿运动	4×8
6	体侧运动	4×8
7	体转运动	4×8
8	全身运动	4×8
9	跳跃运动	8×8
10	整理运动	4×8

（四） 椅上健身操

椅上健身操是针对中学生长时间持续坐姿学习，易产生腰酸腿疼、双脚肿胀和身体疲倦的问题而创编的。其主要特点是：动作简单易学，不受场地限制，只需一把椅子即可练习，健身功效明显。经常做椅上健身操，不仅能增强肢体肌肉力和关节的灵活性，还能改善神经系统、心血管系统、呼吸系统及消化系统等，健身功能显著。做操过程中配以音乐伴奏，放松身心的效果更佳。

1. 热身运动

（1）坐在椅子上，脚尖着地，脚跟提高，脚尖尽量收向椅子。再将左腿尽量远身，尽量推脚跟向前，脚尖指向自己。恢复原来姿势。放松。右腿做同样动作。然后两腿一起再做一次。整套动作做 4 次。

（2）坐在椅子上，两脚并排，脚尖向前。抬右腿靠向胸，两手抱住小腿。再恢复原来姿势。左腿照样做。然后抬起两膝，两手抱住两条小腿。再恢复原来姿势。上身前探，直到臀部刚和座位分开为止，头再向脚尖靠近，恢复原来姿势。放松。整套动作重复 5 次。

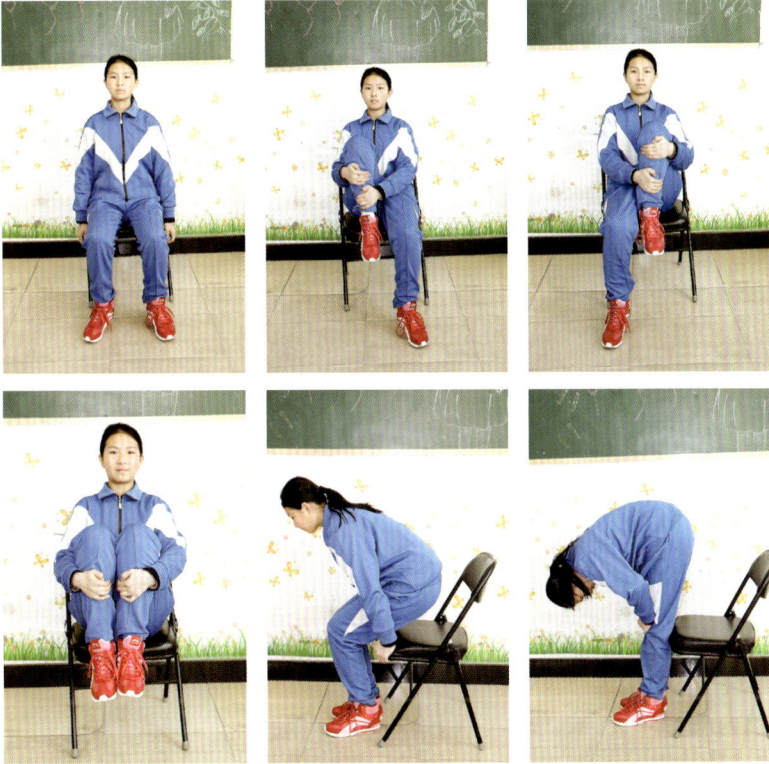

（3）坐着跑步，每一步都将脚跟尽量提高。弯屈手臂，像走路时一样随脚步前后摆动。做 1~3 分钟。

2. 加速血液循环运动

（1）屈肘使右臂向上，左膝向右肘提靠。恢复原来姿势，改用右膝和左肘做同样动作。整套过程重复 15 次。

（2）座位上障碍滑雪。坐在椅子上，两脚脚跟尽量向右，两手也同样放在右边。提起脚跟，将脚跟和两臂同转至左边，做 30 次。 然后换方向做。

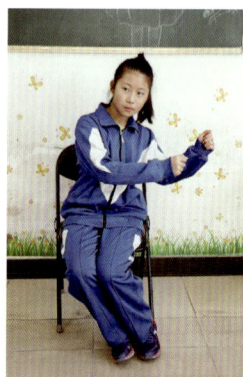

3. 腹背肌肉运动

（1）尽量收缩腹部，但继续照常呼吸。上体前俯，同时翘起脚尖，脚跟着地。把脚尖放回地面，放松腹肌，直起身体。重复 30 次。

（2）松弛坐着，两臂下垂。集中力量收缩下背肌，挺直背部。保持姿势7秒，然后放松休息7秒。重复8次。

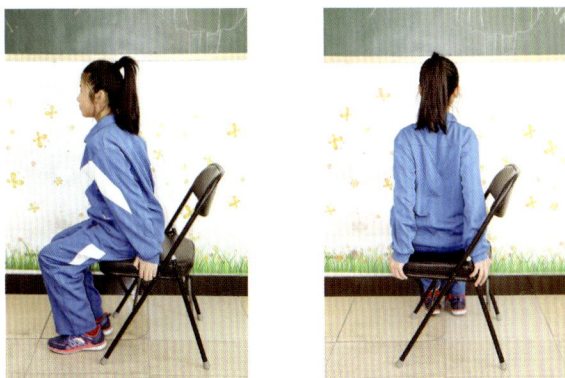

4. 肩关节运动

（1）坐在椅子上，放松双肩。尽量推右肩向前。然后推左肩向前。恢复原来姿势。放松。双手互握，两臂伸出向上举起，并向后越过头部，手心向上，向上推伸。重复8次。

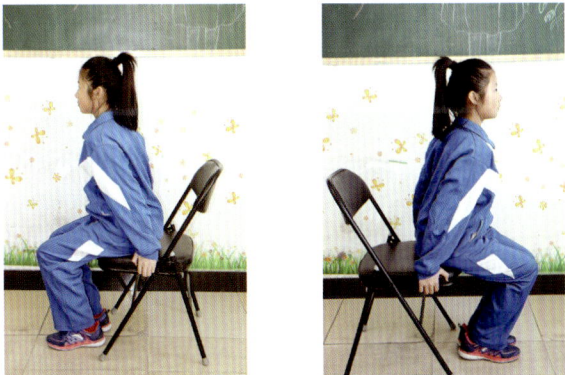

（2）有节奏地转肩膀，像画大圆圈那样，向前和向后各做 10~15 次。

5. 脚部运动

（1）脚跟离地，翘起脚尖，双足画大圆圈。每一方向重复 15 次。

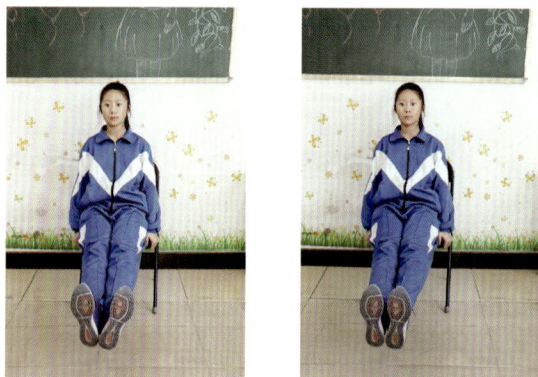

（2）坐在椅子上，手肘搁在膝上，身向前屈，全身重量压在膝上。脚跟尽量提高。放下脚跟，翘高脚尖。重复 30 次。

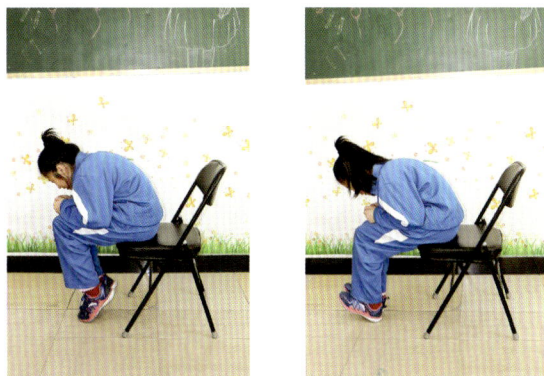

6. 手部运动

掌心向下，紧握双拳。把双手尽量翻转并伸展手指。双手恢复原来姿势。整套动作重复 15 次。

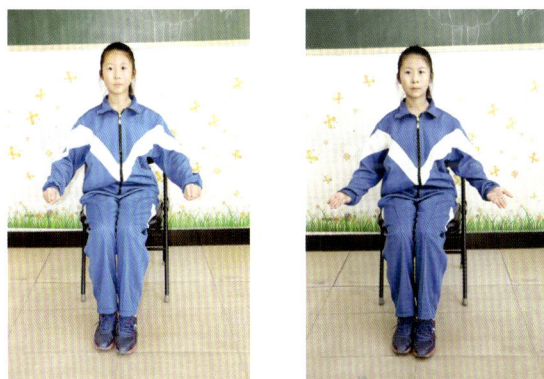

7. 头部运动

（1）低头，下颌贴着喉咙，仰头向后。再把头尽量朝右转，然后点头 3 次。再向左做同样动作。重复整套动作 10 次。

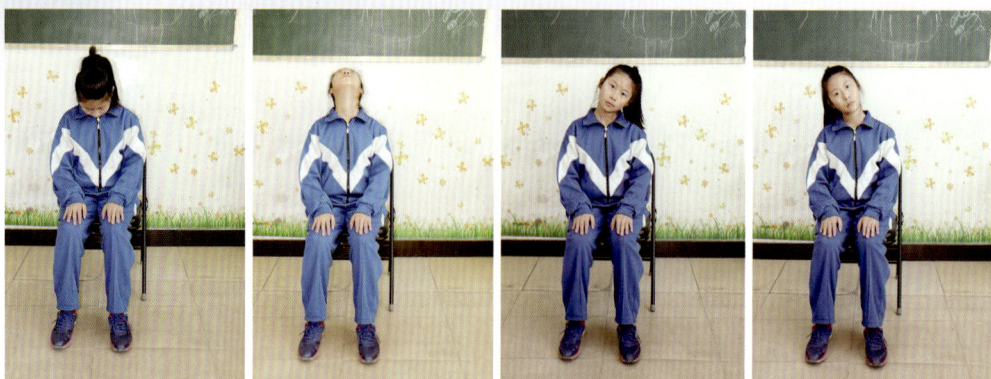

（2）右手放在右耳上方抵住头部。头向右靠，用手轻轻推挡。还原，左手抵在左耳上方重复同样动作。整套动作做8次。

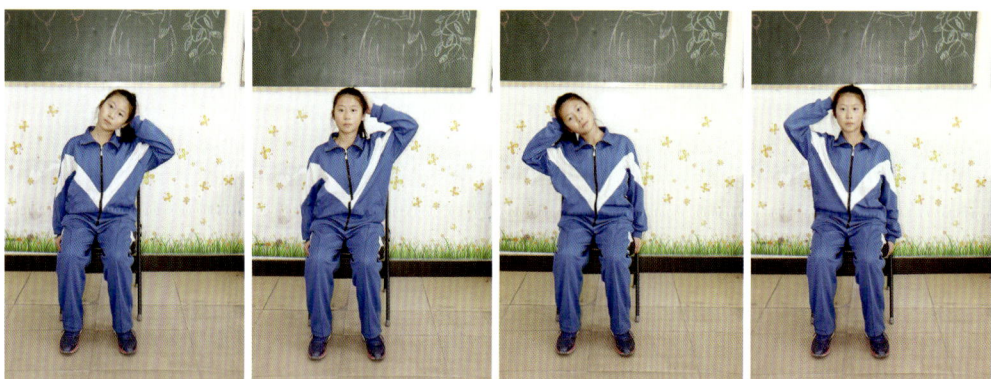

8. 呼吸运动

在觉得紧张焦躁时，不妨试试这项运动。端坐，尽量放松。运动横膈膜均匀地、轻轻地做深呼吸。吸气时填满胃部，是积极的动作。呼气要缓慢均匀，是消极的动作，直至空气全部呼出为止。让身体进入完全放松的状态。重复5次。

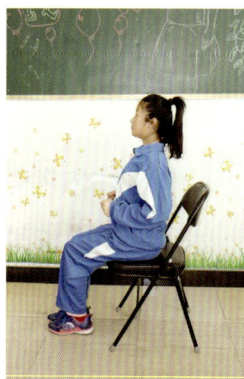

第二章

课间 10 分钟

本章精选中学生校园游戏 25 例，供学生课间 10 分钟娱乐，以缓解大脑疲劳。这些小游戏以徒手或者小器材为主，活动量不大，但内容非常丰富。以 2~5 人为一小组，形式多样，生动活泼。目的在于激发学生玩出快乐，玩出健康，玩出智慧。学生也可以创编自己喜欢的游戏。

（一） 猜哑谜

游戏目标：
培养观察力、模仿力，利用肢体语言表达内容。

游戏创新与变通：
改变一对一猜谜的方式，由一个人做动作，大家同时猜，看谁最先猜出。

专家点评：
"猜哑谜"是常见的游戏，但是有很大的发挥空间。可设计适合学生年龄、便于模仿的内容，增加趣味性，调动参与者的积极性。

北京市教育学院朝阳分院特级教师　关槐秀

（二）地雷区

游戏目标：

培养合作能力，增进同学之间感情，安全通过"地雷区"。

游戏创新与变通：

（1）玩法熟练后，可增加摆放物品数目，提升游戏难度。

（2）保护者不接触对方的身体，只用口令指挥他穿过"地雷区"。

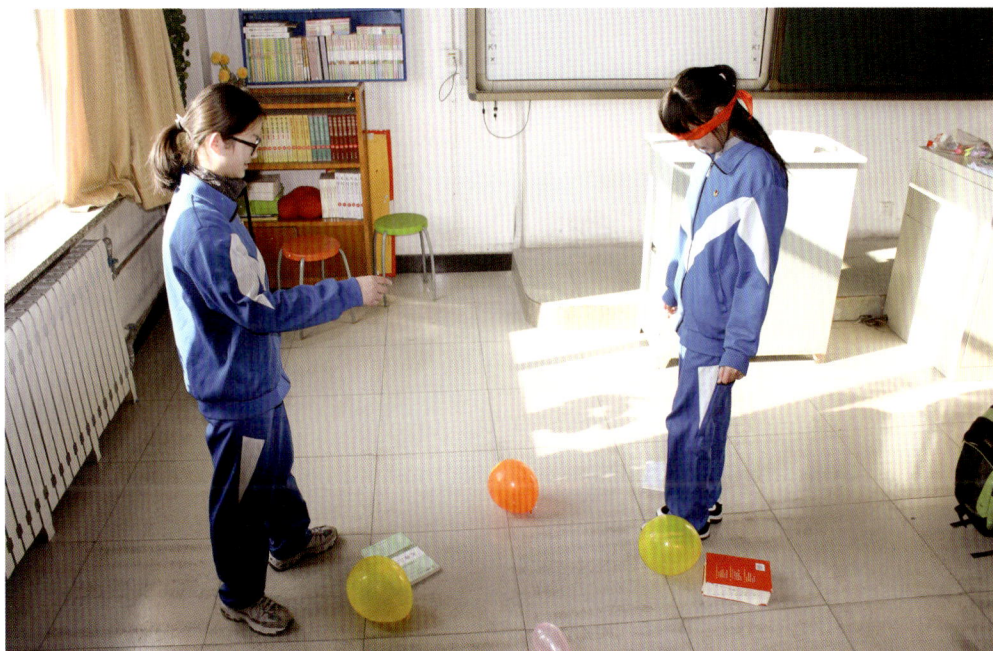

专家点评：

这是一项富有神秘色彩的、有趣的游戏。一人用口令指挥，一人用眼罩蒙住眼睛，穿过"地雷区"可以培养两个人之间的默契和配合。蒙着眼睛过"地雷区"的同学，需要根据另一个同学的口令向前后左右行走。对执行口令的同学，是空间方位知觉的训练。对于发出口令的同学，是一种思维决策能力的训练。

中国科学院心理研究所研究员　张梅玲

（三） 双人摇船

游戏目标：

培养学生团结有爱的精神，发展动作协同及互相配合的能力。

游戏创新与变通：

由 2 人组成的小船变成 4 人组成的小船，更有难度，更需要默契配合。

专家点评：

这是一项既简单又有趣的传统游戏。双人摇船的过程有利于培养学生的团结友爱精神。如果双人摇船可以配上歌曲或者歌谣，会更有趣。背对前进方向的学生臂部上翘时向后移动，正对前方的学生双脚向前移动的过程，能锻炼下肢运动的协调性。双手握住对方的双肩时，上下肢要很协调，这可以增强双人之间的相互协调、配合的能力。如果多组进行比赛，游戏会更富有挑战性。

中国科学院心理研究所研究员　张梅玲

（四） 拉网捕鱼

游戏目标：

发展协调性、灵活性，提升快速奔跑素质，以及协调配合、躲闪能力，培养团队合作能力和顽强的意志品质。

游戏规则：

拉手成网"捕鱼"，由3人或多人组成网。"鱼"只能从臂下钻出。

游戏创新与变通：

（1）可适当扩大场地和人数，增加运动量。

（2）最后剩下的两条"鱼"，应给予一定的奖励。

专家点评：

此游戏主要发展参与者的灵活性和协调性，培养团队合作能力和随机应变的能力。通过"鱼"和"渔"角色的转变，让参与者从原来的被动者变成主动者。这种角色的变化，可以从中体验取胜的经验和适应自然环境的能力。

北京市朝阳区民族教育培训中心校长　王胜富

（五）大人、小人、飞人

游戏目标：

增强学生弹跳能力，训练身体的协调性。

游戏规则：

参加游戏的学生站成一列横队。引领者发出"大人"的口令时，学生双手上举；当发出"小人"的口令时，学生双手握拳屈肘平举，屈膝下蹲；当发出"飞人"的口令时，学生双手平举并用力向上跳起（也可以向前跳呈飞翔状）。

游戏创新与变通：

降低游戏的难度，把"大人""小人""飞人"的口令变成"大步""小步""退步"的口令。

专家点评：

这个游戏能让学生在运动中锻炼弹跳能力和身体的协调能力。通过游戏让学生得到锻炼，促进身心健康和体能。

北京师范大学体育运动院院长　毛振明

（六） 找出策划者

游戏目标：

培养学生观察和判断的能力。

游戏规则：

选一名学生作为第一轮游戏的策划者。策划者的任务是创作一系列动作，团队的其他人与策划者做同样的动作。另外还需选出一名观察者，观察者的任务是找出策划者。

游戏创新与变通：

（1）在游戏过程中，当队员对规则熟练之后，可以增加策划者动作的难度，同时减少观察者猜测的次数。

（2）也可以增加策划者的数量，同时进行两套以上的动作。

专家点评：

团队协作能力建立在团队合作的基础之上，发挥团队精神，互补互助，以达到团队最大工作效率。对于团队的成员来说，不仅要有个人能力，更需要在不同的位置上各尽所能并与其他成员协调合作的能力。

北京教育学院朝阳分院特级教师　关槐秀

（七） 花开花落

游戏目标：

通过肢体动作集中注意力，调节情绪，振奋精神。

游戏规则：

两手手心相对，捧成花蕾形状放在胸前。在引领者的指挥下，用一个 8 拍呈现花蕾开放的全过程，再用一个 8 拍还原。也可以采用动漫手法增加游戏的趣味性。

游戏创新与变通：

（1）可以采用模仿式，引领者不喊口令只做动作，大家跟着做。

（2）改变游戏的内容，花开花落变成小树长大、小猫捉鱼等。

专家点评：

模仿花开花落的动作，简单说就是伸伸懒腰。当学生长时间保持一种固定姿态很容易产生疲劳感，适当活动可以促进血液循环，集中注意力，振奋精神。在紧张的学习过程中，挤出一两分钟，玩一两个趣味小游戏，有利于学生健康成长。

北京教育学院朝阳分院特级教师　关槐秀

（八）红与黑

游戏目标：

培养观察力和判断力，分析对方心理，提高快速决策能力。

游戏规则：

引领者发出出牌指令备，双方各出一张牌，扣在桌面上。引领者发出亮牌口令，双方将扣在桌子上的牌向对方亮出，引领者根据赛前制定的规则宣布得分情况。然后继续下一轮出牌。

游戏创新与变通：

（1）不断变换出牌的分值以及评分标准，比如：比大小、比花色、比点数等。

（2）可以3局2胜，也可以5局3胜。

专家点评：

生活是丰富多彩的，智慧是千变万化的。为什么剪子、包袱、锤裁决输赢的游戏方法至今流行？为什么抛硬币看正反面论高下总是被认为公平？这或许证明，许多游戏实际上在制定一些生活的规则，甚至可以说，游戏精神的本质就是规则。此游戏也是如此，它可以让青少年体验到游戏规则，以及如何争取接近规则和遵守规则，因为这是成功的规律和胜利的目标。

中国青少年研究中心副主任、研究员　孙云晓

（九）心灵沟通

游戏目标：

通过触觉进行心灵的沟通，学会用心去做事情，感受心与心交流带来的真情和快乐。

游戏规则：

（1）2人一组面对面坐好，并同时戴好眼罩，双手相握。

（2）引领者在每组学生的手心轻轻放一块橡皮泥，2人在不商量的前提下，用心共同完成意见作品。制作过程中两人不得用语言交流。

（3）2分钟后，摘下眼罩，欣赏共同完成的作品。

游戏创新与变通：

用纸和笔共画一幅画。

专家点评：

心灵的沟通是内心的碰撞，当2人在相互看不到，并且不能用语言表达的情况下，要想了解对方的意图，只能用肢体传递想法和意念。这样的游戏首先培养的是相互间的信任和责任，有了这两者，不仅游戏能够成功，还能走进对方的内心世界，从而得到真正的真心朋友。

中国教育学会学术室副主任、副教授　时俊卿

（十） 不倒翁

游戏目标：

培养相互信任和团队精神。

游戏规则：

学生围成一个圆圈，左右间隔一拳距离，面向圆心站立。

（1）一人站在圆心，双手反向交叉抱于胸前，身体挺直，两腿并拢。

（2）听到开始的口令后，站在圆心的人分别前倒、后倒、左倒、右倒45度。站在圆圈的人双手贴紧中间人肩部周围，保护其安全完成动作。

（3）听到举起的口令时，大家将站在圆心的人脸朝上高高举起，旋转一周再轻轻放下。注意：放下时必须脚先落地。

游戏创新与变通：

游戏熟练后，可让站在中心的人戴上眼罩，增加游戏的难度，会有更好的效果。

专家点评：

当你被伙伴高高举起并在空中旋转时，感到的是幸福和快乐；当你和伙伴们一起将别人举起的时候，你感到的是沉甸甸的责任。

北京市教育学院体育与艺术学院院长、教授　陈雁飞

（十一） 风婆婆

游戏目标：

活跃气氛，调节情绪。

游戏规则：

（1）2人一组，面对面保持一定距离站好。

（2）扮风婆婆者两手举在伙伴脸部两侧。

（3）听口令后，扮风婆婆者两手扇出微风、中风、大风。

（4）2人互换角色，再继续游戏。

游戏创新与变通：

如在室内游戏，可在音乐伴奏下模拟微风、大风或旋风扇风。伙伴双脚开立站，用上肢上体做即兴展示，会更有创意。

专家点评：

一个人玩的"风吹过来了"，两个人玩的"风婆婆"，多人玩的多种形式的"旋风"模拟等肢体展示游戏，模仿了人与自然的搏斗，人与自然的和谐，小孩大人都喜欢。此游戏不仅锻炼身体，而且有助于学生懂得生活、展现生活、创造生活，启迪学生热爱生活以及对未来美好生活的遐想。

北京市教育学院与艺术学院院长、教授　陈雁飞

（十二） 坐地起身

游戏目标：

培养团结精神，体验合作的重要性。

游戏规则：

3~5人一组，围成一圆，背向圆心蹲在地上。相邻两人手臂相互勾紧。听到指令后，相互借力，慢慢站起。

游戏创新与变通：

可逐渐增加游戏人数，提高难度。

专家点评：

"坐地起身"游戏，需要互相间的合作。心往一处想，劲往一处使，在游戏中体验合作的重要性。

北京教育学院朝阳分院特级教师　关槐秀

（十三） 障碍变速车

游戏目标：

提高反应力，培养团队合作能力。

游戏规则：

（1）参加者站在一个大圆圈内，彼此之间保持1米以上的距离。

（2）每人都是一台独立的变速车，在引领者的指挥下，左右转弯、行进，但不能有身体接触，违规者被罚出场外。

游戏创新与变通：

（1）在游戏过程中，可根据练习者的熟练程度，扩大或缩小活动区域。

（2）可把一人独立开车变成双人组合，像拖车一样，玩起来更有意思。

专家点评：

在活动过程中，要有自我保护意识，避免冲撞。善待他人，也就是在善待自己。

北京教育学院体育与艺术学院院长、教授　陈雁飞

（十四）照镜子

游戏目标：

活跃气氛，增进参与者之间的默契，培养模仿力。

游戏规则：

（1）两个人对面相距 50 厘米站好，规定 A 为照镜子的人，B 为镜子。

（2）A 对着镜子做出各种动作（如洗脸、刷牙等表情和行为），B 要迅速做出反应，模仿 A 的动作快速做出相同的动作。

（3）交换角色继续做。

专家点评：

每人每天都要照镜子，通过照镜子游戏，可以让学生在模仿中了解对方，熟悉对方，结交朋友。通过模仿让学生在课间轻松一笑，缓解紧张和疲劳，此外，通过模仿，还可以锻炼中学生的观察能力和模仿能力。观察和模仿都是很重要的学习能力，这种能力需要从小培养。中学阶段，学生的观察和模仿能力进一步发展，对养成良好的学习习惯有较大的促进作用。

北京教育学院朝阳分院特级教师　关槐秀

（十五） 斗鸡比稳

游戏目标：

发展身体平衡协调能力，体验身体对抗。

游戏规则：

游戏开始，双方两手交叉抱肩，或两手抱小腿，边做单脚连续跳动作，边用肩、腿互相冲撞，双脚落地或退出圈外者为负。

游戏创新与变通：

头上放盛有半杯清水的纸杯，2人同时金鸡独立，看谁坚持的时间最长。

专家点评：

斗鸡是一种对抗角力游戏，要想坚持，先练耐力，要学好站功，先找到身体平衡的支撑点。这样单腿支撑的对抗中，腿就不会很快松懈下来。

北京市朝阳区民族教育培训中心校长　王富胜

（十六） 叠影

游戏目标：

发展快速反应能力，培养参与者整齐划一、步调一致的团队合作意识。

游戏规则：

（1）参与者按身高排成一列纵队，矮个在前，高个在后。按引领者发出的指令，做相应的动作。

（2）后面的队员盯住前面的队员，迅速模仿前面队员的动作，逐渐做成叠影。引领者在队首检查，看看全队的动作是否一致。

游戏创新与变通：

可增加人数，加大动作复杂度或缩小时间间隔，以增加游戏难度。

专家点评：

叠影是集体模拟的游戏，是培养学生快速反应能力、动作协调一致的好方法。看起来是在模仿前面人的动作，实际上是在进行团队精神教育和打造，只有团结一致才能夺取胜利。

中国青少年研究中心少年儿童研究所游戏研究专家　杨金华

（十七） 新石头剪子布

游戏目标：

提升反应能力，加强头脑与身体的配合，通过活动活跃气氛，快速形成团队的竞争力。

游戏规则：

跳起，双手握拳置于肩前部造型为锤子。跳起，双脚前后做弓步，双手胸前交叉造型为剪子。跳起，双脚左右分开站立，两臂侧上举为布。布胜锤子，锤子胜剪刀，剪子胜布。

游戏创新与变通：

可将石头、剪子、布变换为其他的肢体动作，以使身体各部位都得到活动。

专家点评：

石头剪刀布是全身运动，各个器官联动，更有头脑并动特征。游戏中双方都要学会观察动脑思考，设计取胜对方的战略。出手既快不得，也慢不得，在快慢的矛盾中妙趣横生。

中国青少年研究中心少年儿童研究所游戏研究专家　杨金华

（十八）悄悄话

游戏目标：

在最短的时间快速沟通交流。

游戏规则：

人数不限，自由站位，告诉伙伴一句悄悄话。

游戏创新与变通：

可以把一句悄悄话，改为一个问题，并要求对方回答，这样可以增进伙伴之间的相互交流，迅速拉近距离。

专家点评：

中学生往往缺乏初次见面与他人交流、交往的技巧，与陌生人交流更是压力很大，有的学生甚至不敢和陌生人打交道转而迷恋上网络，沉迷于网络交友。因此，通过游戏帮助中学生快速认识朋友是个好方法。此游戏将帮助他人、发现他人长处、介绍自己等环节融为一体，既能提升自信心，又能促进彼此之间的了解和沟通，神秘而有趣。

中国青少年研究中心少年儿童研究所所长　孙宏艳

（十九） 大风吹

游戏目标：

在游戏中记住每个人的特点，加快认识和了解，缓解紧张情绪。

游戏规则：

引领者说大风吹，参与游戏者问大风吹什么，大风吹走的人迅速离开。

游戏创新与变通：

（1）改变游戏方法，把大风吹走人变成大风吹不动的人。例如大风吹不动穿红上衣的人，其他人迅速离开。

（2）可以利用大风吹活动进行编组、编队。

专家点评：

此游戏属于典型的促进学生交流的游戏，可以帮助学生快速识别朋友。在一群人中快速找到朋友特征，还要回避其他同学不好的特征，是沟通和理解的游戏，对学生之间快速相识，结交朋友很有好处。

北京师范大学体育运动学院院长、教授　毛振明

（二十） 非常连接

游戏目标：

可选有地毯、草地或田径运动场中间有人工草坪等适合身体接触地面的场地进行。此游戏主要培养团队合作精神。

游戏规则：

（1）在预设好的两点之间或两个标志物之间，引领者提出条件，利用人的肢体或部位特点，形成人与人之间身体连接，最终连接这两个标志物。

（2）根据条件的不同要求，规定不同的连接时间。

游戏创新与变通：

可以根据人数多少升级附加条件。比如 10 人游戏时，连接两处的所有人只能 3 只脚、2 只手、2 个臀部、2 个膝盖着地，也可以提高难度只能 2 只脚、2 只手、2 个臀部接触地面进行连接。

专家点评：

这个游戏看似是简单的人体组合连接，但在组织与实施过程中能够锻炼每个人的组织领导指挥能力，增强各个游戏队员之间的团队合作意识与能力，愉悦身心。

中国青少年研究中心少年儿童研究所所长　孙宏艳

（二十一）气球的祝福

游戏目标：

用感恩的心传递祝福。

游戏规则：

气球以及人数不限，因地制宜。

游戏创新与变通：

用脚踩爆气球变为2人拥抱挤爆气球更有乐趣。

专家点评：

"气球祝福"游戏新颖有创意，既练习了抛球、传球，又获得心理的满足，全体互动参与，激发兴趣，在充满快乐的氛围里带着美好的祝福面向未来。

北京市朝阳区民族教育培训中心校长　王胜富

（二十二）信任冲刺

游戏目标：

增加同学之间的信任。

游戏规则：

选一名跑步者，其他同学双手平举围成一个指定的队形，跑步者在人群中穿梭，不能碰到任何人的手臂。

游戏创新与变通：

在游戏过程中，可以根据参与人数的多少来排列队形。如"S"形曲线，"O"形曲线，也可以增加跑步者的难度，比如规定跑步者只能侧身跑或者倒着跑等。

专家点评：

信任是人与人相处的基础，是团队合作的基础。充满信任危机的团队，无法获得快乐，更无法达到目标。不能坦诚相待、信任他人的人，也无法真正完成社会的目标。通过"信任冲刺"这个游戏，可以增强人际信任感，培养勇敢精神和自我挑战精神，培养良好的心理素质。

中国青少年研究中心少年儿童研究所所长　孙宏艳

（二十三） 钻山洞

游戏目标：

提高身体灵活性和团队协作精神。

游戏规则：

游戏者必须依次从不同人的臂下钻过。

游戏创新与变通：

游戏熟悉以后，除第一人以外，其他人都带上眼罩进行，更具有挑战性。

专家点评：

喜爱冒险和尝试是孩子们的共同特征，越是危险的地方对他们越有吸引力，因此很多小孩子都喜欢玩钻洞游戏。随着年龄的增长，中学生不可能再像小的时候钻山洞、钻假山、钻桌子玩了。而通过这个游戏，可以再现童年的乐趣。同时，这类游戏也可以帮助中学生学会适应环境，提高身体的灵活性。

中国青少年研究中心少年儿童研究所所长　孙宏艳

（二十四） 膝盖之战

游戏目标：

调节情绪，振奋精神。

游戏规则：

（1）身高相近的两个人为一组，面对面相距1米左右站立。膝盖关节微微弯曲，将两手放在膝盖上。

（2）游戏开始后，手触到对方无手掌覆盖的膝盖得1分，先得5分者为胜。

（3）游戏开始时，两手不得同时覆盖自己的膝盖5秒以上，否则罚1分。

游戏创新与变通：

3人一组或5人一组，增加游戏难度。

专家点评：

膝盖之战纯属对抗游戏，双方各自谋策，既要进攻，又要防守。这是智慧与体力的较量，不论胜败都是一种考验。

北京教育学院体育与艺术学院院长、教授　陈雁飞

（二十五） 穿越丛林

游戏目标：

发展应变能力以及启动速度。

游戏规则：

（1）学生分为2组，一组站在平行线边端，另一组为防守人，成散点站在两条平行线中间，防守人伸展手臂阻止另一组人员通过。

（2）站在端线的人，要避开防守的人，设法穿越人为障碍快速通过。

（3）在规定的时间穿越过去人数多的队获胜。

（4）穿越者碰到防守者，自动淘汰。

（5）防守者两脚不能移动，两臂可随意摆动。

游戏创新与变通：

缩小穿越丛林的范围，提高穿越的难度。

专家点评：

应变能力和启动速度都可以在一定程度上锻炼学生思维的灵活性，而思维的灵活性是学习能力的重要方面。

北京市朝阳区民族教育培训中心校长　王胜富

第三章

民族民间体育项目

丰富多彩的民族民间体育

　　民族民间传统体育是中华民族文化的重要组成部分，是民族智慧、民族精神和民族性格的具体体现。《体育与健康课程标准》要求："大力开发具有地方特色的课程资源，把反映各地自然和风情的，学生感兴趣，带有民族特色的体育活动纳入课程中，以适应素质教育的要求。"传承、开发民族民间传统体育，将其融入到学校体育课堂教学中，不仅能拓展教学范围，丰富教学内容，激发学生学习兴趣，还能弘扬民族民间文化，增强民族自豪感。五十六个民族五十六朵花，接下来就让我们走进民族民间体育的大花园，领略民族民间体育的独特魅力。

摔跤（蒙古族）

公鸡啄（彝族）

赛耗牛（藏族）

霸王鞭（白族）

独轮车（维吾尔族）

八人秋（苗族）

高脚球（壮族）

跳把式（布依族）

秋千（朝鲜族）

滚铁环（满族）

抢花炮（侗族）

顶杆（瑶族）

花键（哈尼族）

抢贡鸡（土家族）

叼羊（哈萨克斯坦族）

赛高升（傣族）

跳竹杆（黎族）

上刀杆（傈僳族）

赛木鼓（佤族）

赛布龙（畲族）

篾弹弓（德昂族）

射竹弩（拉祜族）

抢花灯（水族）

跳三多（纳西族）

刀术（景颇族）

拉棍（裕固族）

抢粽粑（仫佬族）

轮子秋（土族）

曲棍球（达斡尔族）

夹包（怒族）

竿球（高山族）

舞狮（汉族）

（一） 走类

走是人体的基本活动形式之一，也是重要的有氧锻炼方式。各种不同形式的走类运动，共同的锻炼价值是提高走的技巧，增强腿部力量和心肺功能，发展速度、灵敏和协调性。不同项目的走又都附加了各自的身体的、心理的和社会的教育价值。

1. 顶罐走（朝鲜族）

口诀：

小小罐，头上顶，手扶罐，保平衡。眼平视，要走稳，奋勇争先你真行。

来源与传承：

顶罐走是朝鲜族生活中的一种习俗，逐渐演变成体育活动。每到节假日，朝鲜族妇女、儿童常以顶水罐竞走作为体育比赛项目。

提示与建议：

按规定的路线（直线、曲线）走，比赛距离因人而异。行走途中用手扶或不用手扶均可，但罐落地为失误。头顶物体可多种多样。

2. 走板鞋（壮族）

口诀：

壮族少年走板鞋，
两脚套在布袋中。
站成纵队平搭肩，
一步一步往前行。
走得稳来步子齐，
先到终点才算赢。

来源与传承：

走板鞋是壮族广为流传的一项健身性体育活动，大人小孩都非常喜欢。参与者排成纵队，平搭肩，步调一致有节奏，速度快，不散架，不摔跤，先到终点为胜。

提示与建议：

（1）场地平坦，板带牢固。

（2）参与人数不限，可逐渐增多。

3. 赛走（塔塔尔族）

口诀：

手持勺，托圆蛋，

眼平视，保平衡。

快走绕旗往回返，

看谁先到终点站。

来源与传承：

塔塔尔族主要散居在新疆各地。塔塔尔族同胞喜欢唱歌、跳舞和各种体育活动。每到春天，一年一度的"撒班节"（犁头节）是迎接春耕的盛会，会上除赛马、摔跤、拔河等项目外，还有赛走。赛走至今仍是当地少年儿童喜爱的一项体育活动。

提示与建议：

手持象征性的汤匙，将一个鸡蛋放在汤匙中，按规定路线（直线、曲线、阻碍）走，以鸡蛋不落地且先到达终点为胜。也可用排球、乒乓球或其他物体代替鸡蛋，用网球拍或羽毛球拍代替汤匙。

4. 踩高跷走（民间）

口诀：

走呀走呀走高跷，

高跷再高没人高，

你扶我来我帮你，

走的技巧逐步高。

来源与传承：

踩高跷是我国流传已久、难度较高的民间体育项目，类似杂技。每逢春节庙会都有艺人表演。学生效仿学踩罐子练高跷，动作熟练后逐渐提升跷的高度，在锣鼓等乐器的伴奏下，时而进退，时而跳起，时而旋转，还可以进行各种谐趣的技巧表演。

提示与建议：

强调动作的规范，初学者可先练习单脚踩高跷，逐步适应平衡，再练习双脚踩高跷。

（二） 跑类

奔跑是人体的基本活动形式之一，短距离的快跑是重要的无氧锻炼方式之一，长距离的慢跑则是锻炼耐力的好方法。奔跑项目共同的锻炼价值是提高跑的技巧，增强腿部力量和心肺功能，发展速度、耐力和灵敏性。不同的跑有不同的身体的、心理的、社会的教育价值。

1. 赛威呼（满族）

口诀：

双手抓竿往前跑，协调配合最重要，一二一喊着号，团结合作最重要。

来源与传承：

赛威呼是一项古老的满族民间传统体育娱乐活动，每年阳历七月十五日，满族人除在河边有放河灯的习俗外，还有在河中赛船的仪式。由于许多地区无河，于是演变成旱地赛船，沿袭至今，称之为"赛威呼"。

提示与建议：

4~5人为一组，排成一路纵队面向正前方，两侧手各握一根竿，按规定路线跑，跑的距离因人而异。跑的途中掉竿或小组散架，要在原地还原队形重新跑。为增加游戏难度，可规定最后一个人倒着跑。

2. 赶羊跑（回族）

口诀：

手持木棒赶羊跑，
撵羊不离推着跑，
跑得快，协调好，
赶到羊圈叫声好！

来源与传承：

回族人喜欢羊，因为羊是吉祥的象征，所以就有许多与羊有关的传说。赶羊跑是由回族传统体育项目"打卯球"发展而来的。

提示与建议：

（1）在平坦场地或路边，先设定比赛距离。手持赶羊铲（木棒）赶羊（实心球代替）跑，将"羊"赶到"羊圈"（规定的区域）。

（2）赶羊途中，棒与羊保持适当距离。如失控影响他人，要重做。

（3）也可以曲线赶羊跑，或者在途中设置障碍，增加游戏难度。

3. 旋风跑（民间）

口诀：

排横队，握横杆，迎着风，向前跑。

似旋风，转圈跑，跑得快，不分手。

绕过竿，接着跑，比一比，谁最好。

来源与传承：

旋风跑是在蛇形跑的基础上变通与拓展的项目。游戏时多人成横队，双手同握一根竹竿直线跑或曲线跑。在人与自然的体验中，不仅学习掌握集体跑的知识技能，全面发展体能，还有利于学生提高适应自然环境的能力。

提示与建议：

（1）跑的距离要逐步增加，路线从直线到"S"形，再绕竿360度。

（2）集体挽臂互搭肩跑，或单数正面跑双数退着跑，逐步增加难度。

4. 赛海马（畲族）

口诀：

赛海马跑似溜冰，一脚踏板一脚蹬，

上体前倾臂有力，迅速向前似飞鹰。

来源与传承：

赛海马又称滑溜板，这是居住在沿海一带的畲族人民喜爱的与生产劳动相结合的体育活动。相传明清年间，抗倭名将戚继光驻防福建，曾用它作战具，飞兵破敌。

比赛时，参加比赛者一只脚站在一块木板上，另一只脚使劲蹬地而迅速向前滑行，先到终点者为胜。此外，在滑行时也可做出一些优美的造型动作。

提示与建议：

（1）初练者可手握木棍，给予助力保安全。

（2）跑的距离要逐步加长。

（3）滑板要牢固，板底有铁条或滑轮。

（4）最好在平整场地上进行。

（三） 跳类

人体跳跃而腾起尽可能高的高度和尽可能远的距离，是生产、生活和娱乐活动的需要。这是一项速度与力量相结合的身体练习。跳跃项目共同的锻炼价值是提高跳跃的技巧，同时，不同项目又都附加了各自的心理和社会的教育价值。

1. 跳骆驼（满族）

口诀：

小伙伴，弯下腰，低头扶膝变骆驼。

分开腿，稳站立，手撑驼背分腿过。

来源与传承：

这是满族人民喜爱的一项体育活动，类似"跳马"，起源于在马飞奔时横跃马身，和敌人短兵相接时，飞上敌骑擒拿敌人，后演变为少年儿童跳背的竞技。

提示与建议：

分两队或若干队进行比赛。扮骆驼者不得移动或抬头，跳骆驼者两手扶撑"骆驼"背不要推撞。可轮换，可依次跳过数人，快者胜。

2. 跳竹竿（黎族）

口诀：

音乐锣鼓伴奏下，
一分一合呱哒哒，
载歌载舞地跳哇，
大家心里乐开花。

来源与传承：

黎族青少年最喜欢跳竹竿这项传统的民间体育娱乐活动，它富有浓郁的乡土气息，不仅可以培养弹跳能力，还可以提高音乐素养，使身心和谐发展。

提示与建议：

跳竹竿分有击竿、跳竿两组，击竿人双手握竿面对下蹲，将竿放在一根枕木上，在音乐、锣鼓伴奏下有节奏地一开一合、一高一低地击打枕木，发出呱哒哒的声响，跳竿人随竿的开合灵巧地跳跃其间，以单脚跳、双脚跳、侧身转体、腾越各种姿态跳跃。

传统击竹分跪、蹲、站三种击打法，节奏越来越快，难度越来越高，跳竹人要反应快，动作敏捷、利落。比赛中被竹夹住为失误，双组换位。京族跳竹竿类似黎族，动作简单，有单跳、双跳。

3. 燕子三点水（民间）

口诀：

学练撑杆跃过河，先练原地撑杆起，再练助跑跃过河，最后还要比一比，争创成绩显优异。

来源与传承：

传说武术高手可以踩水过河，俗称"燕子三点水"，其实就是借助自己的力量，使身体轻如燕子。后演变成游戏，过河时撑棍、起跳、落地，分步达到尽可能远的距离，跃过河面，类似现代"撑杆跳"的项目。

提示与建议：

（1）学生个人或 2 人一组互练。体验中找支撑点，学会自我保护。

（2）比赛途中可设计至 3 个"小河沟"，距离自定。

4. 跳竹（怒族）

口诀：

翠竹成弓形，两端插土中，

想要跳过去，其实并不难，

脚撑地有力，过竿靠毅力。

来源与传承：

跳竹，怒语称为"乍郎抛"，即跳高的意思。怒族村寨周围生长着许多翠竹，青年们把砍下的竹子弯成弓形，将竹两端插入土中，游戏者依次从竹弓的最高处跳过。

提示与建议：

（1）原地双脚练跳竹，也可助跑模拟跨栏。

（2）比赛时途中可连续跳低、中、高竹。

（四） 投掷类

投掷起源于早期人类的渔猎劳作。人体以自身的运动把手持的器物投掷出去，要投得又远又准。这是一项技巧性很高又与力量相结合的身体练习。投掷项目共同的锻炼价值是发展上肢的爆发力，提高投掷的技巧。不同的投掷项目又都附加了各自的身体、心理和社会的教育价值。

1. 古朵（藏族）

口诀：

小小古朵似链球，朝着目标用力投，击中棒上放的球，发展力量多练投。

来源与传承：

古朵是藏族传统的体育活动，牧羊人用毛线或牛皮制成一条软鞭，鞭子中间稍宽，可以拴住小石头，牧羊人用旋转、甩动的方法将石头甩出击中牲畜。后来演变成一种投掷的体育活动。

提示与建议：

用小棒搭成井字，再放 1 个球（代替羊）。在网兜内装 1 个球（代替石子），利用身体旋转和臂的轮转将网兜和球一起投出，击中球而球下木棒不动为胜。可投掷击打各种可击物体，要注意安全。

2. 抛绣球（黎族）

口诀：

目测准，抛绣球，瞄准孔，用力投，

一起玩耍抛绣球，锻炼身体乐悠悠。

来源与传承：

抛绣球历史悠久，是黎族人民喜爱的一种娱乐性体育活动。每年农历三月三，黎族同胞都要举办歌会，都有抛绣球表演和比赛，沿袭至今。

提示与建议：

绣球有圆的、方的、多角形、月牙形。大小不一，重量不等，内装大米、豆类等物，绣球一端连着长短不等的彩条，在草坪或空地上竖起一根木杆，杆的顶端系一个花环。抛球人向场上固定或移动的环中抛球，球穿过圆孔为胜。

3. 掷子（回族）

口诀：

少年儿童扔石锁，

扔高砍高传接好。

多种花样扔石锁，

集中精神脚站稳。

单人双人集体练，

腿功腹功就是好。

来源与传承：

掷子又称"扔石锁"。掷子是用青石打成的石锁形状的石器。少年儿童用的掷子可用一定重量的沙袋代替，单人、双人、集体练习均可，其动作有扔高、砍高、传接、扔接多种，这是提高身体素质练习的一项内容。

提示与建议：

（1）从实际出发，可用其他物品代替石器。

（2）石锁的重量、个数根据自身条件选择，避免受伤。

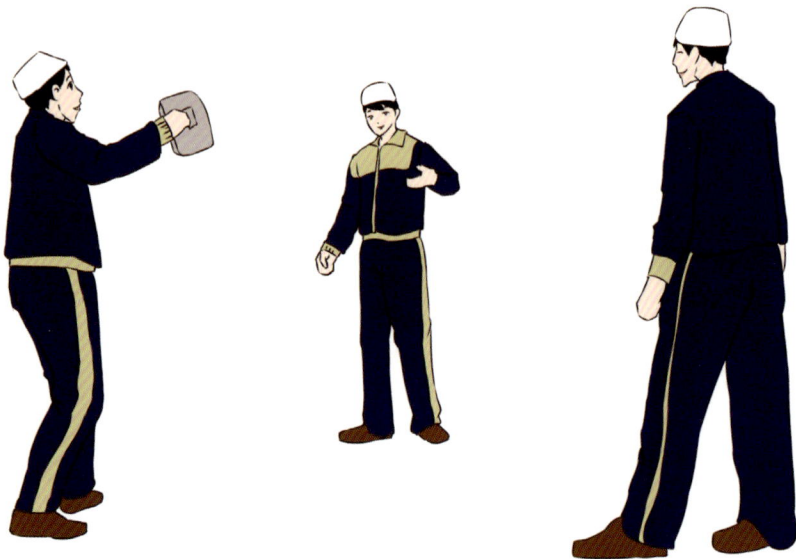

4. 插鸡尾翎（满族）

口诀：

手持鸡尾翎，跑跳投都行，

跑得快，跳得高，投得准，

比一比，看一看，谁最行？

来源与传承：

据传满族人过年之时，都要在帽筒里、掸瓶里插上三五根鸡尾翎，表达避邪、节日吉祥之意，后逐渐发展为少年儿童在室外模拟投插鸡尾翎的跑跳投为一体的体育游戏。

提示与建议：

在树干或竹竿上系上篓子，手持各种颜色的鸡尾翎数根（或球），跑到篓前，跳起将手持物插入篓中，竿的长短、竿与竿之间距离、系篓高低、游戏方法、游戏规则可酌情而定。

（五） 球类

各式各样的球类项目深受少年儿童的喜爱，有着共同的锻炼价值和教育作用。球类项目的特点是：集体性与独立性并存、技术与战术并重、趣味性与对抗性并存，身体素质与意志品质并重。这是一项全面发展身体素质，又培养勇敢果断、机智灵活的意志品质和遵守比赛规则，团结协作精神的身体练习。

1. 打得栲（满族）

口诀：

手持木棒目测准，对准目标打得狠，增强臂力练灵敏，要想取胜判断准。

来源与传承：

打得栲盛行于金代，也是从击球发展而来，是当时球类活动的一种，后演变为传统体育项目之一。

提示与建议：

手持木棒击球，在一定的距离内打倒或击出前面三角形（圆形、井形等）内摆立的木柱（木制手榴弹），可进行个人、集体赛，得分多者为胜。场地器材可因地制宜，内容、方法、规则等可酌情自定，注意安全。

2. 毽球（侗族、苗族、水族）

口诀：

毽球运动似排球，双方站在网两边，

不用手托用脚踢，你踢我踢对着踢。

二人赛毽比速度，多人比赛比耐力，

集体比赛按规定，毽子落地对方赢。

来源与传承：

毽球是侗族、苗族、水族的大人和小孩都喜爱的体育活动。传说是模拟播种水稻时扔、接稻秧的一系列动作发展而来的，是带有社交性质的体育游戏。

提示与建议：

毽球是用4支白色或彩色鹅翎十字形插在毛管内，与下部毽垫连结而成。比赛场地长11.88米，宽6.1米，中间以球网相隔。比赛双方各派3名选手出场。其技法以踢、触为主，可用头、脚及身体去接球，但不能用手臂去触球。比赛采用3局2胜制，得分方必须是发球方（第3局采取每球得分制），以先得15分者为胜一局。

3. 抢花炮（侗族）

口诀：

分两队，抢花炮，抢到花炮给本队，

你传我，我传你，瞄准目标争胜利。

传炮准，速度快，全靠大家齐努力。

来源与传承：

"抢花炮"流行于广西、贵州、湖南交界地区，是侗族民间体育活动，据说有几百年的历史，每年三月三日，广西三江侗族自治县的富禄镇都要奉行一次"抢花炮"比赛。花炮是一个直径约10厘米，外缠红绸布的圆形铁圈。比赛时，将铁圈放在装满火药的铁炮上，点响铁炮，火药的冲力将铁环射向高空。待铁环落下时，抢炮者便一拥而上，互相争抢铁环，抢到手者把铁环送到指定地点。

提示与建议：

（1）根据自然环境设置炮台区，场中心为发炮点。

（2）比赛一般放3炮，以先2次抢到炮的队为胜。

（3）抢炮时可用抢、传、拦及掩护动作，但不准打人、踢人。

4. 打鸡毛球（普米族、基诺族）

口诀：

鸡毛球儿手中握，二人对面练击球。

只能用手不用脚，让球落地对方赢。

来源与传承：

打鸡毛球类似排球，只能用手哆毽。与侗族、苗族、水族用脚踢的毽球相反，是普米族、基诺族少年儿童喜爱开展的一项体育运动。鸡毛球是将一束鸡脖子上美丽的羽毛插入用油布包的木炭中，再紧紧捆扎而成。游戏时2人对打，只能用手打，不得用脚踢，其形式多样。可利用排球场进行比赛。

提示与建议：

比赛可采用3局2胜制，得分后作发球方，第3局采取每球得分制，以先得15分者为胜一局。

5. 背篓球（高山族）

口诀：

一人背篓向前跑，一人持球追着跑，

瞄得准来投得好，三球进篓成绩好。

来源与传承：

背篓球是高山族男女青年喜爱的活动。运动时女方背篓在前走，男方随后紧跟，相距 4~5 米时，用象征常青、长寿、吉利、幸福的槟榔朝女方背篓投掷。现高山族学校开展这项活动，由人数相等的两队比赛，用小沙包相互向用竹编的篓内投。

提示与建议：

（1）可采取 3~5 人一队，用篮、排球场地，3 分钟内双方相互传接球，进篓球多的队获胜。

（2）球的大小、色彩、形状、重量不限，可自行制作。最好包内装一两个小铃铛。球内缝黄色、蓝色、绿色布长 50~60 厘米。

（3）给竹筐缝上背带即为背篓。

（4）可设计多种形式比赛投球，激发学生练习兴趣。比如投移动篮，背篓人在圆内自由移动，圆上人投包进篓增加难度等。

6. 狩猎球（满族）

口诀：

小背篓儿背肩上，左躲右闪不慌张，
手持虎熊狼包儿，左追右靠不着慌，
攻守进退破阻挡，将包投入背篓里。

来源与传承：

射猎是满族先民的生活来源，所以他们的许多生活习俗都是因射猎的需要而形成的。在日常生活中，猎手们经常模仿捕捉野兽的动作，后逐渐发展成一项娱乐活动，以将猎物装入对方的背篓取胜，后衍变为民族体育项目。

提示与建议：

狩猎球有二人狩猎、三人狩猎和三人一队的对抗赛。

（1）二人狩猎法

利用半个篮球场或画一个半径4米的圆。甲乙两人各背一个背篓，手中各持3个布制的代表虎、熊、狼的布包，然后双方互相积极进攻和躲闪，力争把手中的"猎物"投入对方篓内，将3个布制的兽头先投完者为胜利。

（2）三人狩猎法

在场上画一个半径5平方米的圆圈或8平方米的正方形。三人分别扮成猎人、弓箭、野兽。猎人背红色篓，手拿蓝色布包。第一次投按照猎人－弓箭－野兽－猎人的顺序，每人设法把手中的包投到对方的篓内。凡投中又没投错者得3分，投错者不得分。投后捡回布包仍归自己。时间为3分钟。第二次投不必固定对象，可以任意投。两次相加先得5分获胜，退出场外，另两个人继续投，直到决出第2名。

（3）三人一队对抗赛

每个队员背后背一个篓，分别站在15平方米场地两侧，每人持一个沙包（沙包颜色不同）。比赛开始后，队员可在场内任何地方将沙包投入对方任何一个人的背篓内。同队之间可以相互传递。对方则想方设法制止，而且寻找机会向对方篓内投沙包。在互相攻守中可以躲闪，用手阻挡，但不准推人、绊人。比赛分两局，每局20分钟，每局之间休息5分钟，满20分钟得分多者为胜。

7. 护架（拉祜族）

口诀：

三根短棒系一起，架上放球防队守，

攻队踢抛和击球，攻的攻来守的守，

胜败输赢是较量，相互学习才重要。

来源与传承：

护架原名踢架，是拉祜族男青年喜欢的活动，最初的方法是由双方两队赤脚对踢，踢中对方次数多者为胜，后逐渐由对踢发展为"护架"，有攻有防，青少年特别喜欢这项体育游戏。

提示与建议：

（1）可用多种内容形式练习抛接球或对墙反复踢球。

（2）场地布置自定。

（六）技巧类

　　我们开发的技巧类项目，都是来自各民族，具有悠久历史和深受少年儿童喜爱，带有不同内容与形式的娱乐技巧。这些娱乐技巧有表演性的，有个人和集体合作趣味性竞赛的。在实践中可以看到，这些充满活力的特技是少年儿童生活的重要内容，对他们的成长有着极为显著的锻炼价值和教育作用。

1. 抖空竹（民间）

口诀：

　　小小空竹抖起来，身前左右上下抛，抛得高接得准，转身抛接也不难，动态之中找平衡，造型新颖技巧高，悦耳声音惹人醉，人人都爱抖空竹。

来源与传承：

　　从前过年要给小孩买玩具，空竹最受欢迎。空竹有双头和单头两种。双头容易平衡，易学；单头难度较大，但花样多，更好玩。抖空竹时双手各握一线杆，抖起来发出十分悦耳的声音，令人心旷神怡。

提示与建议：

　　先练抖动基本功，然后练技巧，如鹞子翻身、飞燕入云、响鸽铃、攀十字架、扔高、猴爬高等，逐步增加技巧的难度。

2. 学中幡（蒙、回、满族）

口诀：

五彩中幡头上顶，两臂张开找平衡，眼睛上看重心稳，脚步移动保平衡，中幡不倒功自成。

来源与传承：

学中幡是一项历史悠久的少数民族传统体育项目。据传起源于佛教的"旗罗伞扇、幡盖云长"，为佛教的八宝之一。后来，此运动多流行于蒙族、回族和满族之中。

提示与建议：

幡的形式有大幡、中幡、小幡三种，中幡的演练具有浓厚的民族特色，可一人练、2人对练、集体练。其动作有50多种，20个多套路，其特点是惊险、紧张、刚柔兼备，每个动作都有名称，如"霸王举鼎""苏秦背剑""太公钓鱼""封侯挂帅"等。中幡又是农村喜庆丰收经常表演的民族传统体育项目。中幡可酌情自制或用其他物品代替。

3. 舞花棍（京族、白族）

口诀：

舞花棍，霸王鞭，

按节奏，先击肩，

背腰肢体敲一遍，

边跳边打舞得欢，

花样舞姿人称赞，

锻炼身心乐得欢。

来源与作用：

舞花棍是聚居在南海北部京族的传统体育活动，独具一格，别有风趣。古时传说，舞花棍能驱妖避邪，确保丰收，每年的传统节日，女孩子们都要舞花棍庆祝，气氛热烈。

提示与建议：

木棍长约 80 厘米，棍外用各色的花纸包缠，两手握棍，随着铿锵的鼓点节奏，用棍的两端碰击肩、背及四肢等部位，挥舞跳跃、变化多样。这是一项全身的运动，可培养节奏韵律感、陶冶情操，促使身心和谐发展。白族称"霸王鞭""金钱棍"，动作技巧基本相似，唯独花鞭两端带穗，利用竹竿的竹节凿成空心状，在孔洞处装上带穗的铜钱，鞭打时，随之发出有节奏的声响。

4. 哆毽（侗族）

口诀：

哆毽打法不用脚，用手拍打往高挑，

拍得高，表演好，好身段，特灵巧，

似凤凰起舞跳，似狡兔手法高，

看谁表演得最好。

来源与传承：

哆毽是侗族人喜爱的体育活动，自制毽子有青草、稻草、芦苇、鸡毛毽等多种。

提示与建议：

哆毽打法不用脚踢，不用拍子，只用手拍打，以拍得最高、最远，接得最稳，落地少为胜。可单人、双人、多人围圆拍打。侗族哆毽的技艺高超，一口气可以连续打600~700次，打法多变，身段优美，时而像凤凰起舞，展翅高飞，时而全身扑下，如海底探月，动作流畅舒展，似深山鸣泉，脚法敏捷，如狡兔出穴。采毽高抛来个鹞子翻身，大跳送毽犹如跨溪越河，腋下击毽模仿猴子摘包谷，妙趣横生。

第四章
传统武术

武术是中华民族优秀传统文化中最具有代表性的体育项目，博大精深，丰富多彩。学练传统武术，可以有效发展学生力量、柔韧、灵敏、速度、协调等素质，增强肌肉、韧带的伸展性和弹性，加大各关节活动的幅度和灵活性，提高中枢神经系统和心血管、呼吸系统及内脏器官的功能。通过武术练习，可以培养良好的身体姿态，对传承中华民族优秀传统文化，形成良好品德，培养坚韧不拔、勇于进取的品质，都具有重要意义。

本章所介绍的初级长拳和功夫扇由北京教育学院体育与艺术学院的韩金明老师撰写及动作示范。

（一）初级长拳

动作特点：姿势舒展大方、动作灵活快速，出手长、幅度大、跳得高、蹦得远、刚柔相济、快慢相间、动迅静定、节奏分明。

起势：

并步抱拳，头向左转，目视左方（图4-1）。

1. 弓步砍掌

左脚向右脚后侧退步，左拳变掌向外格挡，退右脚成左弓步，右拳变掌由外向里砍出，掌心向上，左手变拳收回腰间（图4-2、图4-3）。

2. 并步搂手

右转身，收左脚成并步，左拳变掌向上往身体回拉于右肩，右掌变拳向下冲拳（图4-4）。

图4-1　　　　　　图4-2　　　　　　图4-3　　　　　　图4-4

3. 仆步砍掌

左脚向左侧撤步，重心右移成仆步，左掌向外砍出，右拳收回腰间（图4-5）。

4. 马步顶肘

身体起立，两手做云手向右侧肘击（图4-6、图4-7）。

图4-5　　　　　　　　　　图4-6　　　　　　　　　　图4-7

5. 格挡弓步冲拳

身体左转变弓步，左掌变拳向外格挡，收左拳于腰间同时冲右拳(图4-8、图4-9)。

6. 弓步盘肘

弹踢冲拳两次，右脚落地成右弓步，右肘由外向里肘击（图4-10~图4-13）。

图4-8　　　　　　　　　　图4-9　　　　　　　　　　图4-10

图 4-11 图 4-12 图 4-13 正面图

7. 丁步穿掌

右转身弓步穿掌，上左脚成丁步，右拳变掌向前穿，掌心向上，左掌按压于右肩旁，掌心向下（图 4-14、图 4-15）。

8. 弓步推掌

上左脚成左弓步，左掌向前推出，右掌变拳收回腰间。然后右拳变掌向前推出，左掌变拳收回腰间（图 4-16、图 4-17）。

9. 歇步冲拳

右转身 270 度成歇步，右手向右侧搂手，收回腰间，同时左拳向下冲拳（图 4-18）。

10. 马步架打

起立，上左步成马步，左拳变掌向上架，右拳从腰间冲出，与肩平（图 4-19）。

图 4-14 图 4-15 图 4-16

图 4-17　　　　　　　　　图 4-18　　　　　　　　　图 4-19

11. 弓步砍掌

右转身成右弓步，连推三掌，左掌、右掌、左掌（图4-20~图4-22）。

12. 铲踢冲拳

重心前移，左脚铲踢，左勾拳，右掌按压于左肘关节旁，落地上右步成右弓步，右掌变拳向前冲出，左拳收回腰间（图4-23~图4-25）。

图 4-20　　　　　　　　　图 4-21　　　　　　　　　图 4-22

图 4-23　　　　　图 4-24 正面图　　　　　　　　图 4-25

13. 退步冲拳

重心后移，向后退右脚冲左拳，退左步冲右拳，退左脚成右弓步，同时冲左拳（图4-26~图4-28）。

图4-26　　　　　　　　　图4-27　　　　　　　　　图4-28

14. 马步贯拳

左转身270度，左拳变掌由下向上抡圆撩掌，然后收回腰间，同时右拳从腰间由外向里鞭击（图4-29、图4-30）。

15. 弓步栽拳

右转身成右弓步，左手向前勾拳，然后收左拳于腰间，同时右拳向下栽击（图4-31、图4-32）。

16. 弓步盘肘

右拳抽出屈臂向前肘击，左拳变掌按压于右拳（图4-33）。

17. 弓步劈掌

左右脚依次退步成左弓步，右拳变掌由上向下抡击，左掌变拳收回腰间（图4-34）。

图4-29　　　　　　　　　图4-30 正面图　　　　　　　图4-31

图 4-32　　　　　　　图 4-33　　　　　　　图 4-34

18. 马步架拳

重心前移，单拍右脚，落地穿左掌，上左步成马步架拳（图4-35、图4-36）。

收势：

并步收拳（图4-36）。

图 4-34　　　　　　　图 4-35　　　　　　　图 4-36

（二）功夫扇

功夫扇以武术动作为基础，使扇子的挥舞和武术的攻防技巧灵活结合，结构新颖、造型美观、快慢相间，刚柔并济，活泼新颖，情趣盎然，令人耳目一新。

起势：

抱扇礼，提扇于腰间，目视左方。（图4-37、图4-38）

1. 震脚刺扇

提右膝震脚，上左脚成左弓步，同时右手刺扇，左手架掌（图4-39~图4-41）。

2. 提膝开扇

右手提扇抡圆，左转身提右膝开扇，左架掌。（图4-42、图4-43）

图4-37   图4-38   图4-39   图4-40

图4-41   图4-42   图4-43

3. 歇步按扇

右脚落地，左脚从右腿前交叉成歇步，同时左掌向下按扇（图4-44、图4-45）。

4. 弓步下劈扇

起立，右转身上步成右弓步，两手分开下劈扇（图4-46）。

5. 弓步云拨扇

左转身，左撩掌上右步，转身退左脚成右弓步云拨扇（图4-47～图4-49）。

6. 虚步合扇

重心后移，收右脚成右虚步，右手握扇收于腰间，同时左掌向前推出（图4-50）。

7. 仆步亮扇

向后退右脚成右仆步穿扇，转移重心成左仆步开扇，左手变勾手向后勾挂（图4-51、图4-52）。

图4-44

图4-45

图4-46

图4-47

图4-48

图4-49

图 4-50　　　　　　图 4-51　　　　　　图 4-52

8. 弓步刺扇

起立，双手护扇，上右步成右弓步，双手握扇向前刺（图 4-53、图 4-54）。

9. 歇步亮扇

左脚向左侧跨步，右脚跟步成歇步，右手开扇，左手向后勾挂（图 4-55）。

10. 马步托扇

起立，右脚向右侧上步成马步，右手抱扇回拉于胸前，左勾手变掌托于右手，掌心向上（图 4-56）。

11. 下劈扇

上右步成右弓步，右手合扇向下抢劈，左掌护于右肩旁（图 4-57）。

12. 虚步挑扇

重心后移，收右脚成右虚步，右手向上挑击，左手下压于腹前（图 4-58）。

图 4-53　　　　　　图 4-54　　　　　　图 4-55

图 4-56 　　　　　　图 4-57 　　　　　　图 4-58

13. 弓步斜击扇

右脚向右后侧退步成左弓步，右手握扇劈击腹前，左掌护于右肩（图 4-59）。

14. 马步开扇

向前上右步成马步，右手开扇，左掌托于右手（图 4-60）。

15. 马步冲扇

左转身180度，上右步成马步，右手合扇向前冲出，左掌变拳收于腰间（图4-61）。

图 4-59 　　　　　　图 4-60 　　　　　　图 4-61

16. 交叉步撩扇

左脚向右脚后侧插步成交叉步，右手握扇由上向下撩扇，左拳变掌向前架推（图4-62）。

17. 高虚步亮扇

左脚向前上步成高虚步，右手开扇由下向上高举，左掌向前推出，目视前方（图4-63）。

18. 歇步坐扇

左转身90度成歇步，右手开扇于胸前（图4-64）。

图4-62 图4-63 图4-64

19. 弓步叩扇

起立，向右侧上右步成右弓步，右手合扇由外向里叩击，左掌护于右肘下（图4-65）。

20. 弓步抡劈扇

重心左移，两臂交叉后做弓步抡劈（图4-66、图4-67）。

21. 马步抱扇

左转身90度，收右脚成马步，两手合抱扇，目视前方（图4-68）。

收势：

起立，两手分开，与肩平。然后收左脚并步，两手放于体侧（图4-69、图4-70）。

图 4-65

图 4-66

图 4-67

图 4-68

图 4-69

图 4-70

第五章
冰雪游戏

冰雪娱乐项目是富有娱乐性、趣味性、竞技性的游戏活动。冬季滑冰、滑雪是学生的最爱，既能亲近大自然，又能全面发展体能，也提高了适应自然环境的能力。比如滑冰车，在一块坐板下面装上铁条，就是一架冰车，坐在上面双手持短木棒用力撑冰面，冰车便飞速前进。滑冰车就像划船，既锻炼了身体各大肌肉群的力量，又锻炼了平衡、协调和灵活性。

（一）　冰上游戏

1. 跑冰鞋

滑冰在我国具有悠久历史，是我国北方民族爱好的一项体育活动。在清代，滑冰曾作为八旗兵丁必须训练的军事科目，也是满族青少年十分喜爱的冰上竞技游戏。最早的冰鞋是将兽骨缚于鞋下，用以滑冰行军，后来演变为用一根铁条嵌在木板上，称之"冰滑子"。到了冬天，青少年就在冰面上滑冰，以此为乐，后来满族民间广为流行"跑冰鞋"活动，创造了很多滑法并流传至今。

2. 滑冰车

满族人民在冬季除了爱玩"跑冰鞋"外，还创造了不少有趣的冰上游戏。滑冰车就是其中之一。冰车用木板制作，板下安有两根铁条；准备两根小木棍，棍端镶一铁钉。滑冰车时坐或蹲在板上均可，双手各握带钉的木棍向后使劲撑冰面，使冰车向前滑行。

跑冰鞋

滑冰车

3. 冰嘎

冰嘎俗称陀螺，冰上游戏的一种。冬季到来，少年儿童们在冰上打嘎，玩得非常开心。陀螺木制，小于拳头，圆锥状，锥端镶一凸形钉或铁珠。在冰面上，少年儿童手持一小绳鞭抽打冰嘎，使其快速旋转。

4. 多人滑冰赛

分成人数相等的两队，每队再分人数相等的两组各成纵队，在规定距离的甲乙两端相对站立。比赛开始，甲端第一人迅速滑行至本组乙端第一人，立即搭肩倒滑退回，乙端第一人也随倒滑人滑到甲端。甲端第二人扶第一人肩，三人滑至乙端，乙端第2人再随之滑到甲端。依此类推，先完成的队为胜。此游戏适于初学滑冰者。

冰嘎

多人滑冰赛

冰上游戏注意事项

（1）滑冰之前先检查场地，看是否平滑，避开那些凹凸不平处。检查冰刀与鞋连接得是否牢固，鞋带是否结实，冰刀的内刃和外刃是否锋利，一般冰刀在用之前都要先经过打磨，再检查固定的螺丝是否拧紧。

（2）服装要注意保暖，不宜穿太多，以免影响运动的灵活性。理想的服装应当在保暖防寒的同时，又能保证汗液的正常挥发。因此，多层的轻质服装比一个单单只有厚度和体积的服装具有更好效果，像保暖内衣，羊毛衫以及羽绒服。另外合适的帽子和手套也是必不可少的。它能使头部和手保暖，并在某种程度上起保护作用。

（3）初学者还要注意休息，因为滑冰时下肢和踝部最吃力，疲劳了就不容易保持平衡，而且容易发生摔倒和踝关节损伤现象。可以每隔15~30分钟休息一次，依自己情况而定。休息时应把鞋带解开，使脚上血液畅通，快速解除疲劳。

（4）摔倒时，切忌挣扎，顺应自然，尽可能使臀部一侧着地。

（5）身上不要带硬器，如钥匙、小刀、手机等，以免摔倒硌伤自己。

（6）站立时两脚略分开约与肩同宽，两脚尖稍向外转形成小八字，两腿稍弯曲，上体稍前倾，目视前方。身体重心要通过两脚平稳地压到刀刃上，踝关节不应内或外倒。

（7）滑行时要俯身、弯腿，重心向前，这样即使滑倒了，也会往前摔，不会摔尾骨。初学者最常见的毛病就是滑行中直立身体，引起重心不稳摔到尾骨。如果出现这种情况，应侧身用手撑地，减少冲击，同时避免头部撞到冰面或者过低。

（8）不可避免冲撞的时候不要自己摔倒来减速和躲避，重心侧向倾斜，有利于躲闪和避免正向冲撞，保护好头部和胸部，可以伸手缓冲撞击。

（二） 雪上游戏

1. 堆雪人

冬季到来，孩子们就盼着大雪降临，因为雪天可以玩堆雪人。每逢大雪天，孩子们就兴奋地聚集一起，一边扫雪，一边堆积大大小小的雪人，用涂上颜色的乒乓球做眼睛，用胡萝卜做鼻子，还给雪人戴上一顶帽子，大家高兴地围着雪人又唱又跳，十分热闹。

堆雪人

2. 打雪仗

鄂温克族的聚居地素有"猎民之乡"的美誉。那里的男人几乎都是勇敢的猎手，孩子们从七八岁起就学习骑马打猎，每年二月都穿上滑雪板进行隆重的滑雪比赛。有时还把雪攥成团作为武器，分两拨进行激烈地交战，打雪仗打得浑身雪渣，满头大汗。

3. 雪球打靶

大雪降临，孩子们除了喜欢堆雪人、打雪仗，还喜欢打靶。在雪堆上插上画好标志的木牌做靶，用捏紧的雪球向靶上投准。比赛打靶距离自己决定，看谁打靶打得准。

打雪仗

雪球打靶

4. 拖日气

赫哲语的"拖日气"是狗拉雪橇的意思。到了冬天，一般车辆无法通行时，拖日气却畅通无阻。拖日气结构简单、轻便，尤为青少年喜爱，已成为冬季必备的交通玩具，无论是到野外打柴，还是到江上钓鱼、玩耍，孩子们都要驾上自己心爱的拖日气。

拖日气

5. 皮爬犁 / 雪跷

鄂伦春族常把野兽皮钉在爬犁底下，毛向外，阻力小、滑行快，叫"皮爬犁"。每逢冬季大雪纷飞，孩子们忘记寒冷，坐在皮爬犁上，你追我赶地爬上山坡，争先恐后地从山坡上往下滑，好似一群野兽托着孩子们从山坡上飞奔而下，十分有趣；有时还比赛看谁滑得快，看谁滑得远。雪跷也是鄂伦春族喜欢的雪上运动。

皮爬犁

雪跷

滑雪者行为及安全守则

（1）特别提示

① 滑雪运动具有一定危险性。

② 滑雪中发生的伤害事故，多为滑雪者自行跌倒或互相撞碰而致，有不可预见性，属意外伤害事故。

③ 每位滑雪者对自己的行为及其所使用的器材给本人或他人所造成的伤害负有责任。

④ 所有滑雪者都要严格遵守《滑雪者行为及安全守则》及滑雪场所的其他安全规定。

（2）滑雪者要为自己的行为负责

在滑雪时，每位滑雪者的行为不但对自己负有责任，而且由于自己的行为及其所使用的滑雪用具对他人造成的伤害同样负有责任。滑雪者的行为必须以自身的安全以及不给他人造成危害或伤害为前提。

（3）控制速度和采用适宜的滑雪方式

滑雪者的滑行要有控制。滑雪者应根据其滑雪水平、雪道雪质条件、气候及雪道拥挤状况，采取适宜的滑行速度和滑行方式。滑雪者的相撞通常是由于速度过快、失去控制和没有看到其他滑雪者所致。一个滑雪者一定要有能力在滑行中停止、转弯和在自己视线范围内活动。在技术欠佳、雪道拥挤及地形起伏的区域或视线不好甚至受阻的地方，滑雪者必须慢速滑行或停止滑行。

（4）选择滑雪道及滑行路线

滑雪者要选择与本人技术能力相适应的滑雪道滑雪，尤其是初级滑雪者不能到中、高级滑雪道上滑行，更不允许在非规定的滑雪道或滑雪区域内擅自滑行。

（5）前面的滑行者具有优先权

在前面的滑行者具有优先权，从后面滑来的滑雪者应选择不会给前面的滑行者造成危险的路线。后面的滑行者如果与前面的滑行者在同一方向滑行时，要主动保持前、后、左、右的安全距离。

（6）超越或横越

滑雪者从另一位滑雪者的后面超越或从前侧面横越滑行时，有责任保证前面滑行者的正常滑行，留给被超越或被横越者足够的滑行空间。

（7）进入雪道、起动滑行和登坡

为了不至于给自己或他人造成危险，滑雪者在进入雪道、起动滑行、在雪道上登坡时，必须注意观察雪道的上方和下方，不得妨碍他人的活动。在任何情况下不得逆向滑行。

（8）在雪道上停止、逗留

除非有绝对必要，滑雪者不得在雪道中央区域停止（应滑到雪道边上停止），特别是严禁在狭窄处或视线受阻处停止。如在滑雪道上任何地方摔倒，都应尽快站起离开。滑雪者在停止滑雪与摔倒以后，一定要在确保自身与他人的人身安全情况下，才可重新滑行。滑雪者不能在雪道中央区域逗留与休息，更不允许将滑雪器材放在雪道中。

（9）徒步上下坡

滑雪者或赏雪者、踏雪者如果在滑雪道徒步上下坡时，应靠边行走。

（10）注重警示和提醒标识

滑雪者必须注重滑雪场所和滑雪道内所有的警示和提醒标识。

（11）提供滑雪场所内伤害事故认证及身份证明

发生意外伤害事故时，每位滑雪者均有责任全力为其提供援助，不管是否是责任方，每位滑雪者和目击者都有责任与义务及时采取最快捷的方式报告事故发生的地点，随后提供所了解的意外事故的全部真实情况和本人身份证明与联系方式。

（12）滑雪者要知晓自身的伤害保险

由于滑雪运动是一项高危运动，建议滑雪者在参与活动前购买相关保险，并知晓自身的伤害保险状况。

第六章

运动队的组建

《中国教育改革和发展纲要》指出："中小学要由'应试教育'转向全面提高民族素质的轨道，面向全体学生，全面提高学生的思想道德、文化科学、劳动技能和身体心理素质，促进学生生动活泼地发展，办出各自的特色。"一直以来，我校坚持全面贯彻党的教育方针，以人为本，树立全面、和谐发展育人观，全面实施素质教育，实践中求发展，探索中创特色，结合学校实际，以民族传统体育为切入口，以促进学生全面发展健康成长为目标，以"快乐运动，健体益心，增强体质，提升品质"为理念，积极组建校运动队，使校园呈现出充满活力、昂扬向上的精神面貌。

（一） 木球队

木球是回族传统体育项目，是由回族青少年放牧时"打篮子""赶毛球"活动演变而来。比赛在长 40 米、宽 25 米的场地上进行。每队上场队员 5 人，手握击球板，运用传、接、运、抢和击球射门等技术，避开对方防守，将球击入对方球门得分。全场比赛时间 40 分钟，每半场时间为 20 分钟，两半场中间休息 10 分钟。木球比赛近似曲棍球和冰球。运动员持击球板快速奔跑、传接配合，被击出的球快速飞出，瞬间入门得分。木球竞赛显示个人高超技巧与集体配合默契，深受回族青少年喜爱。

1. 教学特点

（1）简单易教

木球在我校的开展过程中深受学生的喜爱，学生在玩的过程中体会到了木球运动的乐趣，而且达到了锻炼身体的目的。教练只要掌握木球运动的相关特点及规则，利用自己的教学经验，灵活运用到教学中，从浅入深，可以改变古老的规则，或者简化规则，将木球运动中融入各种游戏，让学生在愉快的课堂当中得到锻炼。

（2）简捷易学

木球具有简单易学的特点，在三个水平阶段的教学中，可以从浅入深，适当地加大难度，从而达到提高学生积极性的目的。器械性运动具有一定的安全因素，但是实践证明学生对器械性的运动具有浓厚的兴趣。

2. 教学原则

（1）因地制宜

民族传统体育的开展需要结合所在地域的人群特点，各学校的情况也存在着差异。因此，开展民族体育要以本土民族传统体育项目为重点。我校是民族学校，有很多的学生都是回民，继承及发扬传统体育，将回民传统的木球运动推广、发扬光大，这是我们开展木球运动的主要原因。

（2）寓教于乐

木球运动起源于游戏，所以我们要在游戏中培养学生积极主动的参与意识，通过体育教师的开发和研究全面发展学生的综合素质，让学生感受到快乐、团结，改变以前的体育教学课堂。例如，在学习运球时，可以创设情境：运送"糖果"，双手握击球板，利用拨球和推球技术将"糖果"运到商店等。

（3）积极创新

民族传统体育是在民间形成的运动项目，不但没有系统的训练方法，更没有对其进行研究与分析，但这也正是值得我们开发和利用的重要因素。因此，我们体育教师可以根据教学经验开发和尝试各种练习方法，不断地归纳总结，从而制定合理的教学目标，教学手段，更加丰富了我们教师的科研水平。

3. 教学方式

（1）游戏教学

木球运动起源于游戏，可想而知蕴含着很多的游戏成分，这正是给我们体育教师留有了充分的发挥空间。例如：练习运球技术时，创编游戏"赶鸭子"，在场地上标记"小鸭子的家"。利用类似方法，增加趣味性、娱乐性，同时练习了运球技术。教师要根据木球运动的内容形式，以及学生的掌握情况运用一些游戏的教学方式，有利于学生对技术的进一步掌握和提高，有助于学生对技战术的理解和合理运用。这些游戏可以使学生消除顾虑，提高积极性，从而体会体育带来的快乐和体验成功的感受，为他们的终身体育打下坚实牢固的基础。

（2）能力教学

民族传统体育项目来源于民间，来源于生活。而往往这些体育项目能发展学生的能力和个性，更加符合素质教育的特点。通过教学过程使学生建立战胜困难的能力，在参与活动过程中，逐渐产生浓厚的兴趣和取得胜利的欲望，自然而然地提高克服困难的能力，培养不怕挫折的精神，以及创新的能力。为了取得比赛或者游戏的胜利，学生会越挫越勇，研究探讨获胜的方法。

4. 教学要点

（1）七年级

主要以基本技术为主，比如以传接球、运球、射门等基本技术为主的练习，可以采用两人或多人的练习方式。通过基本技术的练习，为学生能在比赛中灵活运用技术打下扎实的基础。

（2）八年级

学生熟练地掌握了传接球技术和运球技术后，可以进一步提升对技术的运用能力，提高在比赛中的技术运用的准确性。例如：3人一组2人对传中间1人抢断练习、运球过防守人的射门练习等。

（3）九年级

九年级的学生身体素质进一步提高，对于木球比赛的过程也有了自己的思考和认识，所以在练习中重点加强战术的训练。例如：木球传切跑位练习、不同位置的远射、防守队员的攻防转换等。

（二） 铜锣球队

铜锣球又名打铜锣，由满族儿童甩包游戏发展而来。打铜锣虽有祛鬼神、驱邪消灾的传说，但在一定程度上反映出满族人民习武射箭的传统。打铜锣类似现代体育项目篮球、足球、手球。铜锣球比赛场地长 28 米、宽 15 米，场中间或两端线设一个（或 2 个）铜锣支架，支架上端为两面合扣独立悬挂的铜锣。锣面直径 32~50 厘米。比赛双方每队 5 人，在场上通过传球、投拍、运球及阻截等动作，将球攻入对方半场并投球击锣。在限制区与 2 分区内击中为 1 分，2 分区与端线之间击中为 2 分，最后分数累积相加，多者为胜。

（三） 珍珠球队

采珍珠是古代满族人民传统生产活动之一。人民在劳动之余经常兴奋地在陆地上模仿劳动时的情景（用布球代替珍珠），看谁采得珍珠多，后来逐渐形成了满族人民生活中经常开展的传统体育项目，特别是在青少年当中开展得更为活跃。珍珠球将体育运动之骄健与生活劳作之优美两者紧密融汇在一起了，堪称"民族民间体育之珠"。

珍珠球类似篮球、手球，对抗性强，是一项攻防结合的团体比赛项目。双方每队6人，水区3人为采珠人，封锁区2人持蚌拍为防守人，得分区1人持网兜为鱼网人。双方队员力争穿过封锁，把在水区夺得的"珍珠"投入自己队的网兜内。水区人、防守人与持网人只能在规定区域内活动，界外球由对方发球，比赛时间因情况而定。

比赛时，水区内双方各有3名运动员负责进攻或防守，进攻者可将球向任何方向传、拍、滚、运，目的是向站在本队得分区内的持抄网队员投球得分。封锁区内有2名持蛤蚌（球拍）的对方队员，用封、挡、夹、按等动作，阻挡进攻队员向网内投球。每队有一名持抄网队员在得分区活动，用拍网试图抄（采）中本方队员投来的珍珠（球）。每抄中一球得1分。在规定的比赛时间内，得分多者为胜队。

球的外壳用皮革或橡胶制成，内装球胆，表面应为珍珠（白）色。球的圆周长54~56厘米，重量300~325克。球拍为蛤蚌形状，用具有韧性的树脂材料制成。抄网兜口为圆形，兜口内径25厘米。

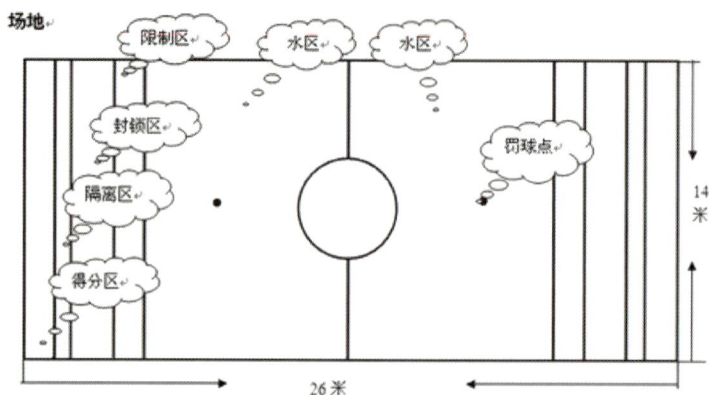

珍珠球运动是在参考篮球、手球规则的基础上开发而成，它具有场地、器材的简易性和游戏形式的大众性等特点，其在水区的运动与篮球、手球运动有一定的共性，而在封锁区持拍防守队员又具有足球守门员和排球拦网队员的特点，因而具有较强的观赏性。同时，珍珠球运动的场地面积不大，所用器材较为简单，对场地器材要求也不高，可以找一块平整的空地，根据场地规定人数进行比赛，具有较强的实用价值。

珍珠球运动是综合的非周期性集体运动，其技术、战术系统的实践操作与实践运用过程，是通过在对抗变化着的特定时间、位置、距离、场地、设施、环境条件要求下，运用跑、跳、投等手段来完成的，在这一过程中，无论智力、生理、心理都要承受各种复杂因素的影响，因此，科学地参加珍珠球活动，对提高人体内脏器官与感受器官的功能和中枢神经系统的支配能力、增进健康、发展身体素质、促进心理修养、培养集体团队精神等都有积极的作用。

珍珠球比赛具有很高的观赏价值，不仅要求水区内的4名队员具有良好的个人技术和良好的配合意识，还要求水区运动员与抄网队员默契配合。场上攻守往复，银球穿梭飞舞，4只"蛤蚌"急张忽合，一对抄网频频有所斩获，紧张激烈、精彩绝妙，令人目不暇接。

通过对珍珠球运动的学习，让学生了解我国少数民族存在着多种多样的民族文化，树立民族自豪感，增强民族凝聚力，加强民族团结，弘扬民族精神。同时，通过参与珍珠球比赛，可以有效强化参与者的拼搏意识，敢于进取，学会尊重规则、尊重他人，使竞争心态更为健康，实现身体和心理的健康发展。

第七章

身体素质练习

身体素质是指人体在活动中所表现出来的力量、速度、耐力、灵敏、柔韧等机能。身体素质是一个人体质强弱的外在表现。身体素质经常潜在地表现在人们的生活、学习和劳动中，自然也表现在体育锻炼方面。一个人身体素质的好坏与遗传有关，但与后天的营养和体育锻炼的关系更为密切，通过正确的方法和适当的锻炼，可以从各个方面提高身体素质水平。

（一） 身体素质概述

一般而言，身体素质主要包括：速度素质、力量素质、耐力素质、灵敏素质、柔韧素质。

1. 速度素质

速度素质是指人体快速运动的能力，通常分为紧密联系的反应速度、动作速度和位移速度3种形式。

（1）反应速度

反应速度指人体对各种信号刺激的快速应答能力，最常见的方法是利用各种声、光等突发信号让练习者快速做出相应的反应动作，以提高其神经系统反射弧的接通机能水平。

（2）动作速度

动作速度指人体完成某一动作的快速能力。提高动作速度的锻炼方法有：① 减小练习难度，加助力法，如牵引助力跑步或游泳、顺风跑、下坡跑、顺水游、推掷较轻的器械等；② 加大练习难度，发挥后效作用法，如负重跳或推掷超重器械练习后，紧接着做跳跃或推掷标准器械的练习；③ 时限法，按预定的音响节拍频率完成动作，以改变练习者的动作频率和速度。

（3）位移速度

指在作周期性动作中，单位时间内人体快速移动的能力。提高动作速度是提高位移速度的基础，并与四肢肌肉的爆发力密切相关。提高位移速度通常采用下列方法：① 快速跑，如短距离用最快速度重复跑、长距离追逐游戏、短距离游泳、速滑等；② 加速动作频率的练习，如快频率小步跑、快速摆臂练习等；③ 发展下肢的爆发力，如负重跳、单脚跳、跨步跳等。

发展速度素质，一般采用强度大、持续时间短的练习，应在精力充沛、运动欲望强的情况下各种练习交替进行。在疲劳时或只用单一的练习方法，易形成速度障碍，不能收到良好的效果。同时，发展速度素质要与发展力量、速度耐力和柔韧性素质结合起来，注意提高肌肉的放松能力。

2. 力量素质

力量素质是绝大多数运动形式的基础，可表现为最大肌力、相对肌力、肌肉爆发力和肌肉耐力等几种形式。影响肌肉力量的生物学因素很多，主要有以下几方面：肌纤维的生理横断面积；肌纤维类型和运动单位及参与活动的肌纤维数量；神经系统的调节机能；肌纤维收缩前的初长度；肌肉的能量供应；年龄、性别及体重。

（1）最大力量训练

最大力量是指人体或人体某一部分肌肉工作时克服最大内外阻力的能力。亦是指参与工作的肌群或一块肌肉在克服最大内外阻力时，所能动员出的全部肌纤维中最多数量的肌纤维发挥的最大能力。最大力量在 20 ~ 25 岁达到最大值。

静力性练习法：负荷强度为 90% 以上，每次持续时间 3 ~ 6 秒，练习 4 次，次间歇 3 ~ 4 分钟。

重复练习法：负荷强度为 75% ~ 90%，每项训练中完成的组数为 3 ~ 8 组，每组重复 3 ~ 6 次，组间间歇 3 分钟。

最大限度短促用力练习法：90% ~ 100% 强度，用最快速度练习 1 ~ 2 次，2 ~ 3 组，组间间歇 3 ~ 5 分钟。

（2）速度力量训练

速度力量也叫快速力量，是指人体在运动时以最短的时间发挥出肌肉力量的能力。也可指运动员在特定的负荷条件下所表现出来的最大动作速度。器械的出手、投掷时的鞭打速度、田径中的起跳等都是速度力量的突出表现。其训练方法有：沙地跑、上下坡跑、跑楼梯等，利用同伴的各种助力做加速跑、牵引跑、各种准备姿势的听信号起动跑等；用最大速度进行蛙跳、原地纵跳、跳栏架等练习。

（3）力量耐力训练

力量耐力是指人在克服一定外部阻力时，能坚持尽可能长的时间或重复尽可能多的次数的能力。也就是运动员在静力或动力性工作中，能长时间保持肌肉紧张用力而不降低工作效果的能力。力量耐力水平取决于多种因素，主要是发展肌肉有氧代谢能力，改善血液循环和呼吸系统的机能。主要方法有以下 3 种。

① 循环练习法

将发展人体不同肌肉群的 6 ~ 10 个练习按一定顺序排列，练习者连续依次完成各站规定的练习，短时间间歇后，再做下一组，可做 3 ~ 5 组。

②持续练习法

采用50% ~ 75%强度进行重复练习，每组20 ~ 25次，1 ~ 3组，组间间歇 1 ~ 2分钟。

③负荷强度较低的静力性练习

以较小强度练习，单个动作持续 10 ~ 30 秒，组间间歇要在未完全恢复的情况下进行下一组练习以达到疲劳积累，提高力量耐力训练效果。

3. 耐力素质

耐力素质是指人体在长时间进行工作或运动中克服疲劳的能力。也是反映人体健康水平或体质强弱的一个重要标志。人体耐力主要包括有氧耐力和无氧耐力。

（1）有氧耐力

有氧耐力是指长时间进行有氧供能的工作能力。有氧耐力训练多采用长跑，长距离游泳等方法。负荷强度为最大负荷强度的75% ~ 85%，心率在140 ~ 170次/分。时间最少 5 分钟，一般在 15 分钟以上。每周锻炼 1 ~ 3 次。

（2）无氧耐力

无氧耐力是缺氧状态下，长时间对肌肉收缩供能的工作能力。无氧耐力训练常采用短时间，最大用力和短暂休息的重复运动的方法进行，如快速的间歇跑、重复跑、400 米跑、对抗性球类比赛等。

4. 柔韧素质

柔韧素质从其外部运动状态的表现看可分为动力性柔韧性和静力性柔韧性。动力性柔韧性是指肌肉、肌腱、韧带根据动力性技术动作需要，拉伸到解剖学允许的最大限度的能力，随即利用强有力的弹性回缩力来完成所要完成的动作。所有爆发力前的拉伸均属于动力性柔韧性。静力性柔韧性是指肌肉、肌腱、韧带根据静力性技术动作的需要，拉伸到动作所需要的位置角度，控制其停留一定间所表现出现的能力。如体操中的控腿、俯平衡动作、"桥"、劈叉，跳水运动员保持体前屈的姿势等就是这种能力的体现。

（1）柔韧素质练习方法

①主动或被动的静力拉伸方法

缓慢的将肌肉、肌腱、韧带拉伸到一定酸、胀、痛的感觉位置并略有超过，然后停留一定时间的练习方法。这种方法可减少或消除超过关节伸展能力的危险性，防止拉伤，由于拉伸缓慢，不会激发牵张反射。一般要求在酸、胀、痛的位置停留6 ~ 8

秒，重复 6 ~ 8 次。

②主动或被动的动力性拉伸方法

有节奏、速度较快、幅度逐渐加大、多次重复一个动作的拉伸方法。在运用该方法时用力不宜过猛，幅度一定要由小到大，先做几次小幅度的预备拉长，然后加大幅度，从而避免拉伤。每个练习重复 5 ~ 10 次（重复次数可根据技术需要而增加）。

主动的动力性拉伸方法是靠自己的力量拉伸，被动的动力性拉伸方法是靠同伴的帮助或负重等借助外力的拉伸，但外力应与运动员被拉伸的可能伸展能力相适应。上述方法可单独采用亦可混合运用，练习时间根据需要确定。

（2）发展柔韧素质可采用的手段

① 在器械上的练习：利用肋木、平衡木、跳马、把杆、吊环、单杠等。

② 利用轻器械的练习：利用木棍、绳、橡皮筋等。

③ 利用外部的阻力练习：同伴的助力、负重等。

④ 利用自身所给的助力或自身体重的练习：如压腿时双手用力压，同时上体前压振；在吊环或单杠上作悬垂等。

⑥ 发展各关节柔韧所采用的动作：压、踢、摆、搬、劈、绕环、前屈、后仰、吊、转等。

5. 灵敏素质

灵敏素质是指人体在各种突然变换的条件下，快速、协调、敏捷、准确地完成动作的能力。它是人的运动技能、神经反应和各种身体素质的综合表现，因为各专项的每一个动作都不同程度地体现了力量、速度、耐力、柔韧等素质。通过力量特别是爆发力量，控制身体的加速或减速；通过速度，特别是爆发速度，控制身体移动、躲闪、变换方向的快慢；通过柔韧保证力量、速度的发挥；通过耐力保证持久的工作能力。

（1）灵敏素质练习的主要手段

① 在跑、跳中做迅速改变方向的各种跑、躲闪、突然起动以及各种快速急停和迅速转体练习等。

② 做各种调整身体方位的练习。

③ 做专门设计的各种复杂多变的练习。如用之字跑、躲闪跑、穿梭跑和立卧撑4 项组成的综合性练习。

④ 以非常规姿势完成的练习。如侧向或倒退跳远、跳深等。

⑤ 限制完成动作的空间练习。如在缩小的球类运动场地进行练习。

⑥改变完成动作的速度或速率的练习。如变换动作频率或逐步增加动作的频率。

⑦做各种变换方向的追逐性游戏和对各种信号作出应答反应的游戏等。

（2）发展灵敏素质的具体方法

发展灵敏素质须从专项特点出发，重点综合发展反应、平衡协调等能力。

①按口令做相反的动作。

②按有效口令做动作。

③原地、行进间或跑步中听口令做动作。如：喊数抱团成组，加、减、乘、除简单运算得数抱团组合，看谁最快等。

④一对一追逐模仿。

⑤一对一互看对方背后号码。

（二） 徒手练习

正压腿

侧压腿

体前屈

俯卧撑

立卧撑

仰卧起坐

单足蹲起

仰卧举腿

下蹲起

蛙跳

纵跳

跳起转体

高抬腿

两头起

角力

手扶倒立

（三）器械练习

靠墙倒立

仰卧臂屈伸

斜身引体

单杠摆动

脚撑高台俯卧撑

台阶跳上跳下

台阶测试

单人跳绳

引体向上

仰卧传球

一带一单人跳

杠铃蹲起

俯身单臂哑铃划船

哑铃屈伸

直立哑铃侧平举

第八章

科学健身常识

体育锻炼能有效地增强体质，增强身体的免疫能力，促进身体健康，但是，这些健身效果必须通过长期科学的健身锻炼才能够取得。在进行体育锻炼时，必须科学控制运动负荷，还要根据自身的实际情况，科学地控制运动强度和时间，这样才能达到科学、安全、健身的目的。

1. 身体检查与控制

体育锻炼紧张激烈，运动强度比较大，随时都会发生各种情况，所以必须做好各项准备去迎接挑战，无论是身体上，还是心理上。参加体育锻炼前，要清楚了解自己的身体健康状况，建议到医院做个全面检查，听取医生的意见和建议，再根据自己的身体情况、年龄等，选择适合自己的运动强度进行健身锻炼。

2. 科学健身的 5 个原则

（1）针对性原则

人与人在身体机能与素质及健康方面存在着必然的差异，人们追求运动健身的目标不同。因此，在选择运动项目、运动方式和运动负荷上应因人而异，要依据年龄特征、职业特征、性别特征、健康状况及锻炼目标来选择不同的运动内容，使运动锻炼与身体状况互为针对性。

（2）适宜量度原则

适宜量度是指运动量与运动强度在一个运动锻炼时期所投入的适合身体状况的数量，在一次运动锻炼中身体所承担运动负荷的适宜数量。健身运动成败的关键是把握好运动量与运动强度的投入尺度，解决运动负荷过小则不能有效提高健身效果、运动负荷过大则造成过度运动、疲劳发生的问题，以实现理想的最佳的健身效果。

（3）及时恢复原则

恢复是从运动锻炼中获得健身效果的根本保障，没有恢复就没有健身。恢复过程是人体机能提高的过程，也是保持运动锻炼能够连续持久的前提。没有运动恢复就没有运动健身效果。

（4）持久性原则

运动锻炼的目标是提高身体健康水平，发展身体机能和素质，通过运动刺激使身体发生应答过程来实现健身的目的。人体健康水平受两方面影响。一方面是运动锻炼、营养膳食等双重作用使健康水平得到提高。另一方面是疾病、有害物质的侵蚀、衰老过程等副作用使健康水平下降。在生命过程中，健康状况会在这两方面的作用下发生变化，向作用大的方向倾斜。要想获得长久健康的身体，坚持长久的运动锻炼、营养膳食是最根本的出路和可能。适宜身体的环境和良好的生活习惯也是实现长久

健康重要的因素。

（5）全面发展性原则

健身运动的目的是：通过运动锻炼使身体的各个器官的生理功能和运动能力得到提高，使身体的形态得到理想变化，让身体得到协调的全面发展。而每个运动项目的锻炼作用又有其侧重性和局限性。所以，在运动锻炼中要注意运动内容的多样性和全面性，做到合理运用，避免运动项目的长期单一化，以防造成身体的各个器官生理功能和形态素质发展不均衡。应全面多样化运动锻炼，使身体的大多数器官和系统得到充分的运动锻炼，让身体机能和健康水平全面提高。

3. 健身运动的生理指标

运动刺激使身体发生生理变化而产生新的适应，逐渐提高身体的机能而起到健身作用。（1）运动时脉搏达到 100 次 / 分以上（或基础脉搏数值提高 30% 以上），自身感觉到心跳明显加快。（2）运动时呼吸达到 26~30 次 / 分以上（或基础呼吸值提高 30% 以上），自身感觉到呼吸急促，但尚能正常说话交谈。（3）运动时身体轻度出汗，周身发热，尤其以手脚发热、发红为佳。身体感到轻松或轻微感到疲劳，精神兴奋、反应敏锐。（4）主要承担活动的肢体，出现酸、胀、沉重感觉。

在运动锻炼时，这 4 条指标要达到 2 条以上，才能产生良好的健身效果。这是运动刺激身体而发生生理反应的最低指标。只有高于这个指标，才能起到提高身体机能和素质的健身作用。当运动使身体的这几项生理指标达到标准时，可以根据自己的体能状况和运动基础，去控制运动的延续时间。

4. 如何计算靶心率

人在运动健身过程中，应该时刻牢记运动的 4 个基本要素，也就是人们常说的运动强度、时间、频次和进度，对自身健康状况和生理功能变化作连续地观察并定期记录，其目的在于评价锻炼效果，调整锻炼计划，防止过度疲劳和运动性损伤。

运动强度太小达不到锻炼目的，太大容易造成伤害，而不同的人对不同运动项目的适应强度也不一样。比如速度滑冰，跑速就是运动强度，由于每个人体质不同，所能承受的运动强度也就不同。因此，在跑速的选择上就要量力而行。选择最佳运动强度的方法很多，其中一种简单确定运动强度的方法就是"靶心率"判定法。

一般把达到最大运动强度时的心率称为"最大心率"，此时，心脏功能的发挥已经达到了极限。而当人体完成最大做功的 60% ~ 80% 时的心率，则被称为"靶心率"或"运动中适宜心率"。对于大多数没有明显疾病的人来说，可以把最大心率的 60% ~ 80% 确定为把心率范围，即靶心率 =(220 - 年龄) x 60%（或 80%)。当然，随着运动能力的提高，运动心率可适当增加，但一般不应该超过最大心率的90%。

5. 运动频率

运动频率又称为运动次数，是指每周进行运动锻炼的次数，包括一天参加运动锻炼的次数，一周参加运动锻炼的天数，一年参加运动锻炼的月数。

运动频率的安排，要在达到健身运动生理指标基础上进行。每天参加一次运动，能较快地提高身体机能和素质，每2～3天参加一次运动，能缓慢提高身体机能和素质；每4～5天参加一次运动，能保持身体机能和素质不下降，但不会提高身体机能和素质，连续7天不运动，会使身体的机能和素质发生下降。在连续运动锻炼的过程中，如果停止运动的连续时间为4～5天，身体的机能和素质便开始下降，停止运动的连续时间7～8天，身体的机能和素质就会下降到两周运动前的水平。等于两周时间的运动效果被丢失掉。

对健身运动而言，运动锻炼开始后，一定要按计划进行，不要间断。运动频率的安排应是：4～6天／周、1次／天、坚持长期运动锻炼，间断时间不要超过7天。初参加运动锻炼的人或有运动基础但中断运动锻炼时间2个月以上的人，应遵照3-3制方法按排运动频率，即，每周参加运动至少3天（1次／天），连续参加运动第3周，再开始正常运动次数和健身运动生理标准的运动程序。

6. 运动持续时间

运动持续时间是指一次完整的运动锻炼所用的时间，它所表示的是一次健身运动的持续时间，不包括中间休息时间。运动持续时间是影响健身效果的另一个重要因素。持续时间过短，对身体无法造成足够的刺激而达不到应有的健身效果；持续时间过长，可能使机体承受过量的负荷，造成运动损伤。因此，科学的健身运动应注意合理安排运动持续时间。

健身运动的时间标准包括3种：净运动时间标准、时段标准和时间周期标准。

健身运动时间的要求：以完成净运动时间30～45分钟或1～2个时段（30～60分钟）的时间或完成1～2个身体反应周期为基本标准。

7. 运动强度

运动强度是指单位时间内的运动量，运动量是指运动强度和运动时间的乘积，适宜的运动强度是取得较好健身效果和安全保障的关键，也是科学运动健身的核心内容。运动强度的表现是人体在进行运动中，机体所承担的负荷量及所消耗的能量，通常以运动中的吸氧量占最大吸氧量的比值来确定该运动的强度。

通过运动锻炼可以提高最大吸氧量值，最大吸氧量值越大表示身体的机能能力

越高。同一运动负荷，对不同体质和运动能力的人，所产生的运动强度也不同。例如，每分钟 300 米的慢跑运动，对于有运动基础身体机能水平高的人来说是小运动强度，但是，对没有运动基础身体机能水平低的人来说就是中等强度运动。（表 1、表 2）

表 1　根据活动强度强度划分身体活动以及举例

身体活动强度	划分标准	身体活动项目举例
低强度	心率低于 120 次 / 分钟	坐、站立、慢走
中等强度	心率 120 次 ~150 次 / 分钟	散步（速度等于 4.8 公里 / 小时）；网球（双打）骑自行车（速度约 16 公里 / 小时）
大强度	心率高于 150 次 / 分钟	跑步；网球（单打）；有氧健身操

（2008 Physical Activity Guidelines for Americans， 2008 ）

表 2　按身体活动量划分身体活动

身体活动情况	划分标准
不足	只进行低强度身体活动，没有中等和大强度身体活动，且每周短于半个小时
低水平	每周进行中等强度身体活动的时间低于 2 个半小时 或每周进行大强度身体活动的时间低于 1 小时 15 分钟
中等水平	每周进行中等强度身体活动中间在 2 个半小时至 5 个小时之间 或每周进行大强度身体活动在 1 小时 15 分钟至 2 个半小时
高水平	每周进行中等强度身体活动的时间大于 5 个小时

（2008 Physical Activity Guidelines for Americans， 2008 ）

运动强度分为 4 个等级，即：极限运动强度、亚极限运动强度、中等运动强度、小运动强度。

有氧运动：指人体运动时主要以有氧代谢供能方式供能做功的运动。有氧运动的作用主要是提高身体的有氧代谢能力，是促进身体健康的主要运动方式。

无氧运动：指人体运动负荷增加到吸氧量不能满足机体需氧量，体内无氧代谢供能加强，并以无氧代谢供能方式为主的运动。它主要表现在竞技运动领域。

中等强度和小强度运动均属有氧运动范畴。在这样强度范围内进行运动，不易产生运动性疲劳，是健身运动必须选择的运动强度。

极限强度和亚极限强度运动属于无氧运动范畴，在这样强度范围内的运动极易发生运动性疲劳，是竞技运动选择的运动强度。健身运动应坚持中、小强度的运动原则，即有氧运动原则。

中等强度和小强度的有氧运动的判定指标如下：

（1）脉搏

一般为 100 ~ 140 次 / 分，明显感觉到心跳加快。身体状况良好时，可以达到 140 次 / 分。身体状况欠佳时，一般小于 120 次 / 分。当然，不同人群的脉搏标准也不同：青少年 130 ~ 150 次 / 分；健康成年人 120 ~ 140 次 / 分。

（2）呼吸

中小运动强度的呼吸频率应在 26 ~ 30 次 / 分范围内，身体状况良好者可以达到 30 次 / 分，身体状况欠佳时一般小于 26 次 / 分。在运动过程中明显感觉到呼吸急促，但应能够与旁人讲话，如果出现上气不接下气，无法与人交谈的情况，说明运动强度过大。不同人群的呼吸频率标准也不同：青少年 30 ~ 35 次 / 分；健康成年人 26 ~ 30 次 / 分。

（3）自我感觉

身体轻微出汗，头面潮湿，周身发热，精神处于较兴奋的状态。运动肢体的肌群出现酸、胀、沉重和轻度疲劳感觉，身体感到有点累，但是不要达到肌肉疼痛、颤动、很累乃至力竭的感觉程度。以上是在运动中控制运动于中等强度和小强度范围内的粗略判定标准，同一种运动对不同的人所反应出的强度等级也不同，准确的运动强度需要通过仪器检测来判定。在健身运动过程中，经过一段时间的摸索和体会，总会找出适合自己的运动强度，但是，运动必须控制在中小强度范围以内，切忌求快、求累，应量力而行。

8. 准备活动要充分

准备活动也称热身活动，是进行任何活动之前都必须要做的重要步骤。从生理学角度看，热身运动可以增加肌肉收缩时的力量，提高肌肉协调能力，预防或减少肌肉、肌腱、韧带的伤害，增强血红素和肌蛋白结合和释放氧的能力，改善代谢过程；减少血管壁阻力。体温适当的提升可使神经感受器的敏感度和神经传导速度获得充分的改善。同时也可以刺激血管扩张，使活动部位局部血流量增加。血液的流速和流量随肌肉温度上升而增加。能源的供输和代谢物的排除得到改善。由于热身运动所产生以上的效果，使人体各关节的活动范围得到了加大，运动时的协调性得到提升。肌肉的伸展能力达到了最佳的效果。最大限度地避免了运动损伤的发生率。

9. 运动疲劳的控制

人们在运动时都会有这样的体验：身体活动能力下降，肌肉收缩力下降，同时伴有身体沉重、不适、反应减弱、想停止活动等感觉，这就是由于运动而产生的疲劳。疲劳程度与运动强度、时间、频率成正比，运动强度越大、时间越长、运动次数越多，疲劳程度就越大。运动性疲劳是可逆的，运动结束后，人体各种生理功能活动必须经过一段时间才能逐渐恢复到运动前状态，称为疲劳恢复。

如果恢复的水平超过运动前机能水平称为超量恢复。没有疲劳的运动就不会产生健身作用，过度疲劳则会产生损害身体作用。所以健身运动中，疲劳的控制很重要，关乎运动健身的成败，应严格遵照科学的方法进行控制疲劳程度，使其达到既产生最佳健身效果又不发生过度疲劳带来的副作用的适宜程度。

10. 运动恢复要及时

发生运动疲劳后，只有在身体机能得到完全恢复后，才能够进行下一次的足量的运动锻炼。在恢复的过程中，可以依据身体机能恢复的程度，调整适宜的运动量和运动锻炼方式。例如：次日早晨身体机能的恢复达到 90% 以上，可以进行与上次相同的运动量和运动强度，恢复到达 60% ~ 80% 时，则相应减少上次运动量及运动强度的 1/3 左右，作为此次运动标准，恢复在 60% 以下应改为体育休闲活动。

恢复的判定，于运动间歇时间和次日早晨这两个时段进行，其判定标准如下：

（1）次日早晨身体恢复正常的标准

① 睡眠正常，睡眠时间 6 小时以上，睡眠质量合格。

② 头脑清晰，精力充沛，无头疼头昏及注意力不集中，无肢体活动异常表现。

③ 身体轻松，无疲劳感觉，肌肉力量充足，无非受伤的疼痛、沉重及僵硬感。

④ 早晨脉搏数值与近 10 日内同时脉搏无明显升高，脉搏数值的变化范围在 ±10 次/分以内。

⑤ 食欲正常，无胃肠功能紊乱。

（2）运动间歇恢复正常的标准

① 心跳（脉搏）数值恢复到与运动前心跳（脉搏）数值基本相等（±10 次/分）。无心跳加快或心慌感。呼吸频率恢复到运动前状态，呈均匀的正态呼吸。

② 疲劳感基本消失，体力已大部分恢复，身体感到有劲，动作的灵活性、准确性和力量基本恢复到运动前状态。

③ 精神状态良好，兴致较高，注意力能集中起来，神经反应正常，面色红润，两眼有神。

④ 在常温环境里，运动性出汗已完全消退，皮肤干爽。

第九章

体育教学教案示例

（一）木球课教学设计

1. 指导思想与理论依据

本课以"素质教育"和"健康第一"为指导思想，以课程标准的目标要求设计，发挥教师主导作用的同时，确立学生的主体地位，以激发学生对体育运动的兴趣为前提，全面提高学生的身体、心理素质，重视提高学生合作学习、探究学习的能力，营造轻松、愉悦、开放的学习环境，指导学生学会自评、互评。"以人为本，重在学习过程中身心的体验"，是本课的设计指导思想。

2. 教学背景分析

2.1 教材分析

2.1.1 木球运动起源与发展

木球运动是宁夏、湖南、北京等地的一项具有民族特色和别具风格的民族体育项目。木球类似曲棍球，比赛中既有强烈的对抗竞争，又有浓郁的乡土气息，是青少年儿童喜爱的一项球类体育活动。木球是趣味性与竞技性强、体能技能与团队意识要求高的集体性运动项目，具有集体性、竞争性强、趣味性浓等特点。木球运动对学生的身体素质训练和思想品质教育具有重要的作用。

2.1.2 木球运动的锻炼价值和意义

通过木球运动，可以发展学生身体基本活动能力，提高灵敏、速度、力量、耐力等身体素质和动作的准确性、协调性，增加内脏器官的功能，同时还能培养学生勇敢顽强、机智、果断、胜不骄、败不馁等优良品质和团结一致、密切配合的集体主义精神，是一项有很高锻炼价值的运动项目，为以后的教学竞赛和学生终身体育打下良好基础。木球运动不受年龄、性别的限制，场地、器械也比较简易，所以深受广大群众的喜爱。

2.1.3 单元计划

学习内容	木球基本技术、简单战术及简单的比赛规则

模块教学目标	1. 介绍讲解木球运动的起源、发展以及场地、器材和运动基本规则，使学生对木球这项运动有所了解。 2. 学习掌握木球的运球、传接球、射门等基本技术和简单的战术，使学生能够通过所学进行木球比赛。 3. 通过木球的学习，发展学生的速度、耐力、力量、灵敏等身体素质，提高学生的基本活动能力。 4. 通过木球的学习，使学生从中体验到快乐，培养学生对木球运动的兴趣与爱好，培养学生团结协作、机智果敢、勇于拼搏的精神作风。		
课次	教学内容	重点、难点	教法与措施
1	运控球技术	上下肢协调配合、利用球棒控制球的能力	1. 介绍球棒的握法 2. 教师边讲解边示范 1~2 次 3. 教师指挥学生练习 （1）原地体前、体侧运球 3 分钟 （2）直线运球每人 3~4 次 （3）弧线运球（绕 8 字）3~4 次 （4）两人一组一对一攻防练习 3~4 次 （5）距球门 8 米处练习射门
2	传接球技术	上下肢协调配合、传接球的准确性	1. 教师边讲解边示范 1~2 次 2. 学生分队分组集体练习 （1）两人一组原地传接球 30 次 （2）三人一组三角传接球 30 次 （3）行进间传接球 20 次 （4）三人一组交叉跑传接球练习 10 次 （5）传接球接龙游戏 5 分钟
3	射门技术	动作正确用力协调击球准确	1. 教师分别讲解并示范 1~2 次 2. 学生分组练习 （1）分 4 组在顶点罚球点射门练习 8~10 次 （2）两人一组一传一射练习 5 次 （3）两人一组突破消极防守射门练习 5 次 （4）两人一组端线罚球点配合射门练习 5 次
4	运球突破射门技术	制动突然、起动迅速、射门准确	1. 教师分别讲解并示范 1~2 次 2. 学生分组练习 （1）两人一组往返曲线运球练习 5~6 次 （2）两人一组接回传球突破练习 3 分钟 （3）接传球运球突破射门练习 5 分钟
5	基本战术传切射门	掌握好传跑时机	1. 教师分别讲解并示范 1~2 次 2. 学生分组练习 （1）四角传接球练习 5 分钟 （2）两人一球传切射门练习 3 分钟

			（3）三人一球空切射门练习 3 分钟
			（4）三人两球多传多切射门练习 3 分钟
			（5）半场三对三攻防练习 5 分钟
6	突分射门 与 关门防守	突破真实分球快 速准确 脚步移动迅速	1. 教师分别讲解并示范 1~2 次 2. 学生分组练习 （1）三人一组直突射门练习 3 分钟 （2）三人一组侧突射门练习 3 分钟 （3）三人一组无球模仿关门练习 3~4 次 （4）一人运球突破两人关门练习 3 分钟 （5）全场三对三教学比赛 8 分钟
7	巩固提高 技术考核 内容	上下肢协调配 合、射门准确	1. 教师提问动作要领 2. 学生认真思考回答 3. 学生分组练习 （1）学生按要求定点射门练习 5 分钟 （2）行进间运球射门练习 5 分钟 （3）跑动中接传球射门练习 5 分钟 （4）全场五对五教学比赛 15 分钟
8	木球技术 考核（过 障碍运球 射门）	动作协调连 贯准确性高	1. 教师讲解木球技能考核的内容、方法 2. 教师讲解并演示木球考核方法 3. 教师组织学生练习考核内容 3 分钟 4. 教师进行考核学生逐个参加考试 5. 教师宣布考核结果

2.2 学情分析

本课的授课年级为初三学生，学生的运动技能虽然有差异，但通过初中两年的训练，身体素质都有了一定的基础，组织纪律性和集体荣誉感很强，有比较强的思维能力、创造能力，善于学习。

在学习过程中，学生对木球的控球会出现不同情况。个别学生会掌握不好控球的力量，会出现用力过大或用力过小的问题。针对这种情况，在教学过程中要注意观察，随时提醒学生注意球棒击球的力度，并能很好地协调上下肢。

3. 教学目标

认知目标： 了解木球的控球、运球的要领，并初步建立正确动作表象。

技能目标： 较熟练运用球棒控球并能顺利运球的技术，能运球连续过 5-6 个障碍桶。通过教学比赛巩固运控球技术，并提高学生对木球的兴趣。

情感目标： 培养勇敢、机智、果断的优良品质和团结一致、互帮互助的集体主义精神，同时弘扬民族体育精神。

4.教学重点、难点

教学重点：利用球棒控制球的能力

教学难点：上下肢协调配合

5.教学方法、手段和教学资源

教学方法：本课采用了讲解、示范、启发、模仿、创新、竞赛、成功等教学方法，以及各种新颖的练习方法。

教学手段：循序渐进、层层深入、层层剖析，充分挖掘每个学生的潜在能力，充分发挥学生的主体作用，更好地促进学生努力达到教学目标。

场地器材：木球场地1块，护具25套，球棒25根，木球25个，球门2副。

6.木球课教学设计

任课教师：陈雪峰 授课班级：初三1班、2班男生 人数:25人 时间：2015年10月

教学内容与课次				1.木球运控球（第一次课） 2.教学比赛	
教学目标				1.认知目标：了解木球的控球、运球的要领，并初步建立正确动作表象。 2.技能目标：较熟练运用球棒控球并能顺利运球的技术，能运球连续过5~6个障碍桶。通过教学比赛巩固运控球技术，并提高学生对木球的兴趣。 3.情感目标：培养勇敢、机智、果断的优良品质和团结一致、互帮互助的集体主义精神，同时弘扬民族体育精神。	
部分	课的内容	次数	时间	组织教法与要求	
开始部分	一、课堂常规 1.体委整队，报告人数 2.师生问好 3.宣布本课内容 4.安排见习生 二、安全教育 练习过程中如感觉到不适，及时告知老师，注意安全。注意球棒的使用方法 三、队列练习 1.三面转法 2.齐步走及立定	2	3'	组织： ＊＊＊＊＊＊＊＊＊＊ ＊＊＊＊＊＊＊＊＊＊ ＊＊＊＊＊＊＊＊＊＊ ＊＊＊＊＊＊＊＊＊＊ × 要求：集合做到快、静、齐，精神饱满 组织： ＊＊＊＊＊＊＊＊＊＊ ＊＊＊＊＊＊＊＊＊＊ ＊＊＊＊＊＊＊＊＊＊ ＊＊＊＊＊＊＊＊＊＊ × 要求：保持队列整齐	

	一、徒手操 1. 扩胸振臂 2. 体转运动 3. 腹背运动 4. 正压腿 5. 侧压腿 6. 半蹲深蹲 7. 手腕脚踝	8×4	7'	组织： ＊＊＊＊＊＊＊＊＊＊ ＊＊＊＊＊＊＊＊＊＊ ＊＊＊＊＊＊＊＊＊＊ ＊＊＊＊＊＊＊＊＊＊ × **教学方法**：教师组织学生进行练习 **要求**：动作幅度大，充分活动各关节
准备部分	二、专门性练习 1. 交叉步练习 2. 跨步练习	5 5		组织：同上课队形 **教学方法**：在教师的的统一指挥下练习 **要求**：动作统一，移动步幅明显
基本部分	一、介绍木球的基本技术环节 　　传球；接球；运球；射门；抢断；守门 二、学习运控球技术 重点：上下肢协调配合 难点：利用球棒控制球的能力	2 10 5 5 5 10	20'	**教学形式**： 本课采用分组不轮换的组织形式 **教学方法**： 1. 教师介绍木球球棒的握法 2. 教师讲解示范木球的运控球，学生注意观察老师的技术 3. 教师指挥学生练习 （1）原地体前、体侧运控球练习 　　要求：球棒控制球的力量适中 （2）直线运控球 　　要求：控制好球的速度 （3）弧线运球（绕"8"字） 　　要求：拨扣时要注意球的方向 （4）两人一组一对一攻防练习 　　要求：防守队员要根据对手的情况采取 　　　　　积极或消极防守 （5）距球门8米处射门练习 　　要求：注意挥球棒时的安全 **教学形式**：采用分组不轮换
	三、教学比赛 采用10分钟分上下半场的比赛形式，指定2~3名学生裁判	1	10'	**教学措施**：（1）教师讲解比赛的规则和方法； （2）分两块场地进行比赛 **要求**：（1）注意听清比赛规则；（2）裁判员组织公平合理；（3）学生比赛时注意安全

结束部分	一、集合放松 二、讲评小结 三、收器材	8×4 5'	组织： ＊＊＊＊＊＊＊＊＊＊ ＊＊＊＊＊＊＊＊＊＊ ＊＊＊＊＊＊＊＊＊＊ ＊＊＊＊＊＊＊＊＊＊ **教学方法：**学生坐在原地，师生共同总结脚内侧踢求技术的技术要点
场地器材	木球场地（篮球场地也可） 木球 25 个、球棒 25 根、球门 2 副、护具 25 套、标志桶 10 个	预计运动负荷	
安全措施	1. 课前检查场地 2. 充分活动手臂及膝踝关节等重点关节韧带 3. 学生穿戴好护具		
课的密度预计			30%~35%
课的心率预计			135~140
课后小结			

7. 教学特色与创新之处

7.1 通过积极参与体育活动逐步增强学生的自尊和自信心。本节课的教学过程采用了教师主导练习、学生分层练习和合作练习三者结合的方式，既有教师主导，也体现了学生的主体，并且关注了学生的兴趣培养。

7.2 体现精讲多练，突出以学生木球基本技术练习为主的特点。体验木球运动带来的乐趣和成功感，达到在体育运动中乐此不疲的目的，为奠定终身体育打下良好的基础。

7.3 本课突出了成功的合作练习，使学生能够在练习时体会到团结协作的精神，并更好地学习技术，运用更为自然。同时，使民族体育项目得到了推广，让学生喜欢上民族体育项目，进一步提升学生对民族传统体育的认识。

专家点评

新一轮基础教育课程改革是对以往的指令型课程模式的冲击，这种冲击主要体现在：在课程理念上，强调实现学生观、教学观等观念的转变；在课程改革的具体目标上，倡导学生主动参与、乐于探究，培养学生搜集和处理信息的能力，分析和解决问题的能力以及交流与合作的能力；在课程评价上，改变过分强调甄别与选拔的功能，发挥评价促进学生发展、教师提高和改进教学实践的功能；在教学过程上，特别提出学生的学习方式、教师的教学方式和师生互动方式的变革。

《体育与健康课程标准》明确提出体育与健康课程是一门以身体练习为主要手段，以体育与健康知识、技能和方法为主要学习内容，以增进学生健康为主要目的的必修课程，它具有鲜明的基础性、实践性和综合性，是课程体系的重要组成部分，是实施素质教育和培养德智体美全面发展人才不可缺少的重要途径。

陈雪峰老师的木球课很好地贯彻了体育与健康教学的新思想，并把理论和实践很好地结合起来。把民族传统体育的内容很好地融入到体育教学中。既突出了技能教学，加大了练习密度，又抓住了学生的特点，让学生在玩中学、学中练，提高了教学的实效性，关注到了每一个学生，让学生真正成为课堂教学的主人，同时还充分发挥教师的主导作用。木球课主要表现出以下几个特点：

（1）教学内容是教师自己开发的民族传统体育内容，具有很好的爱国主义和民族自豪感的教育。教师克服了种种困难，取得了很好的教学效果。

（2）课的练习密度很大，教师安排的教法层层推进过度自然，学生在不知不觉中熟悉并掌握了所学的技能。教师的基本功比较好，示范能力强，有很强的代表性。

（3）注重引导启发，诱导创造，为学生的学习创造了宽松和谐的教学氛围，学生参与积极主动，教师主导作用发挥得好。

（4）组织教学自然流畅，教学语言简洁明了，教学氛围民主和谐，对教学时机的把握准确及时，师生间的互动和谐地渗透在知、情、言、意、行之中。

（5）教学信息容量大，内容丰富，有创意，体现了教师创造性进行体育教学的改革意识和创新精神。

北京市朝阳区教育研究中心　　孙卫华

（二）铜锣球课教学设计

1. 指导思想与理论依据

认真贯彻"健康第一"的指导思想。课堂教学中，在充分发挥教师主导作用的同时，发挥学生的主体作用。循序渐进，通过多种活动方式来激发学生的活动兴趣，使每一位同学都能以积极、乐观的心态参与到课堂教学当中，为其"终身体育"奠定一个良好的基础。铜锣球可以提高青少年的力量、速度、灵敏、耐力、柔韧等身体素质，并能使人体的高级神经活动得到改善，尤其能增强人体的心血管系统、呼吸系统等内脏器官的功能，从而促进人体的健康。

2. 教学背景分析

2.1 教材分析

2.1.1 教材的起源与发展

铜锣球又名打铜锣，由流行北京满族儿童拽包游戏发展而来。射铜钱也逐渐演变为用布包击铜锣或钟，由单纯的练武发展成为游戏活动。以前，在满族聚居的村庄路口大树上经常挂着一口钟，农闲节日时，成群的儿童分作两队做抢包击钟的游戏。满族人还认为，击铜锣可被（fu）除鬼神，驱邪消灾，击铜锣被认为是吉祥如意的喜事。

1987年，北京延庆县《尼山萨蛮传》编排整理出"打铜锣"项目，并在本地区民族小学中试行和表演。后中央民族学院在保留原有民族特色的基础上，又借鉴"打墙球"以及现代体育项目篮球、足球、手球等，对打铜锣做了较科学规范化的加工，并更名为"铜锣球"。

2.1.2. 教材的锻炼价值和意义

铜锣球是青少年喜爱的一项球类体育活动。又因我校是一所民族学校，学生主要以回族、满族、汉族及其他多民族组成，学生对民族体育的兴趣浓厚。开此课程的目的是培养学生的灵敏、准确和判断力，发展奔跑能力。培养相互合作的精神。

2.1.3 单元计划

学习内容	铜锣球基本技术、简单战术及简单的比赛规则

模块教学目标	1.介绍讲解铜锣球运动的起源、发展以及场地、器材和运动基本规则，对铜锣球这项运动有所了解。 2.学习掌握铜锣球的运球、传接球、射门等基本技术和简单的战术，能够通过所学进行木球比赛。 3.通过铜锣球的学习，发展速度、耐力、力量、灵敏、柔韧等身体素质，提高基本活动能力。 4.通过铜锣球的学习，使学生从中体验到快乐，培养对铜锣球运动的兴趣与爱好，培养团结协作、勇于拼搏的精神作风。同时弘扬民族体育精神。		
课次	教学内容	重点、难点	教法与措施
1	学习运球技术	上下肢协调配合、手指手腕控制球的能力	1. 教师边讲解边示范 1~2 次 2. 教师指挥学生练习 （1）原地体前、体侧运球 3 分钟 （2）直线运球每人 3~4 次 （3）弧线运球（绕 8 字）3~4 次 （4）行进间变速、各种变向运球 3~4 次 （5）两人一组一对一攻防练习 3~4 次 （6）圆圈内抢断球游戏 5 分钟
2	学习传接球技术	上下肢协调用力、传球的落点准确	1. 教师边讲解边示范 1~2 次 2. 学生分队分组集体练习 （1）两人一组原地双手胸前传接球 3 分钟 （2）两人一组单手肩上、体侧传接球 3 分钟 （3）两人一组直线传接球练习 3~4 次 （4）三人一组交叉跑传接球练习 3~4 次 （5）传接球接龙游戏 5 分钟
3	学习原地单手射锣技术	动作正确用力协调落点准确	1. 教师分别讲解并示范 1~2 次 2. 学生分组练习 （1）两人一组持球模仿练习 5~6 次 （2）无拍手的情况下锣练习 3~4 次 （3）有拍手的情况下锣练习 3~4 次 （4）两人一组消极防守下锣练习 3~4 次 （5）组织学生定点射锣比赛 5 分钟
4	学习行进间单手肩上射锣技术	上下肢协调配合、落点准确	1. 教师分别讲解并示范 1~2 次 2. 学生分组练习 （1）两人一组持球模仿练习 5~6 次 （2）行进间运球接射锣练习 3~4 次 （3）跑动中接传球射锣练习 3~4 次 （4）两人一组行进间传接球射锣练习 3~4 次 （5）半场二对二攻防练习 5 分钟

5	持球突破、跳起射篮技术	制动突然起动迅速射锣准确	1. 教师分别讲解并示范 1~2 次 2. 学生分组练习 （1）两人一组持球模仿练习 5~6 次 （2）两人一组接回传球突破练习 3 分钟 （3）接传球持球突破急停跳起射锣练习 5 分钟 （4）半场一对一运球突破射锣练习 3~4 次 （5）半场二对二攻防练习 5 分钟
6	基本战术传切射锣	掌握好传跑时机	1. 教师分别讲解并示范 1~2 次 2. 学生分组练习 （1）四角传接球练习 5 分钟 （2）两人一球传切射锣练习 3 分钟 （3）三人一球空切射锣练习 3 分钟 （4）三人两球多传多切射锣练习 3 分钟 （5）半场三对三攻防练习 5 分钟
7	巩固提高技术考核内容	上下肢协调配合、射锣准确	1. 教师提问动作要领。 2. 学生认真思考回答 3. 学生分组练习 （1）学生按要求定点射锣练习 5 分钟 （2）行进间运球接射锣网练习 5 分钟 （3）跑动中接传球射锣练习 5 分钟 （4）全场四对四教学比赛 15 分钟
8	铜锣球技术考核（跑动中接传球射固定篮）	动作协调连贯准确性高	1. 教师讲解铜锣球技能考核的内容、方法 2. 教师讲解并演示铜锣球考核方法 3. 教师组织学生练习考核内容 3 分钟 4. 教师进行考核，学生逐个参加考试 5. 教师宣布考核结果

2.2 学情分析

本次课的授课班级为初一年级男生，共 20 人。本班 60% 多学生都是借读生，来自不同的省份，运动技能差异很大，他们的年龄特征：（1）依赖性强、自我约束能力差；（2）模仿能力强；（3）好奇心强，大部分同学喜欢篮球运动。为了让学生有更深一层的认识。采用启发、模仿、创新等教学方法，以及各种新颖的练习方法。循序渐进，层层深入，层层剖析，充分挖掘每个学生的潜在能力，充分发挥学生的主体作用，更好地促进学生努力达到教学目标。这一时期的学生已有自己的见解，在授课时对学生的见解和建议要认真对待，尊重学生的正确意见。

3. 教学目标

认知目标： 了解铜锣球运动的锻炼价值，建立正确的动作表象。

技能目标：通过学习，初步掌握铜锣球传接球和射锣球的技术动作，80%的学生在4米的距离10次射锣能射中5次，20%的学生能射中3次。

情感目标：培养机智、果断的优良品质和团结一致、密切配合的集体主义精神。同时弘扬民族体育精神。

4. 课的重点、难点

教学重点：铜锣球传接球时的手型和传球的力度。

教学难点：上下肢协调配合。

5. 教学方法、手段和教学资源

教学方法：本课采用了讲解、示范、启发、模仿、竞赛、合作等教学方法，以及各种新颖的练习方法。

教学手段：全课教学的内容及手段，采用示范、分解和组合轮换的方式进行循序渐进地教学。既引起学生学习兴趣，又陶冶了学生情操。

场地器材：篮球场1块、铜锣球20个、铜锣2付、标志桶5个。

6. 铜锣球课教学设计

任课教师：罗勇　授课班级：初一男生　人数:20人　上课时间：2015年10月14日

教学内容与课次				铜锣球传接球，射锣技术，（第4次课）	
教学目标				1.认知目标：了解铜锣球运动的锻炼价值，建立正确的动作表象。 2.技能目标：通过学习，初步掌握铜锣球传接球和射锣球的技术动作，80%的学生在4米的距离10次射锣能射中5次，20%的学生能射中3次。 3.情感目标：培养机智、果断的优良品质和团结一致、密切配合的集体主义精神。同时弘扬民族体育精神。	
部分	课的内容	次数	时间	组织教法与要求	
开始部分	一、体委整队，检查服装，报告人数 二、师生问好 三、宣布本课内容及要求 四、安排见习生 五、队列练习	2	2'	上课集合队形：四列横队 集合要求：快、静、齐 本课要求： （1）注意安全,体委及骨干随时注意检查器械,相互提醒安全事项；（2）注意力集中,听指挥； （3）练习认真，开动脑筋 队列练习要求： （1）注意力集中；（2）规范、有力、整齐	

准备部分	一、一般性准备活动			慢跑队形：一路纵队绕篮球场跑步行进 要求：队伍整齐安静，以肩为轴前后摆臂，肘关节稍内收，呼吸有节奏
	1. "喊数抱团"游戏	1	6'	徒手操队形：体操队形
	2. 徒手操5~6节	8×4		要求：动作到位，逐渐用力或听口令逐渐加快
	二、专门性准备活动	20		练习队形：体操队形
基本部分	一、熟悉球性练习		3'	队形：四列体操队形 教学方法：教师讲解示范，讲解动作要领。常用练习有：（1）一人一个球，一手抛球一手接球，高度慢慢加高；（2）一人一个球，一手抛球后双手在胸前击掌3次后双手接球，高度慢慢加高；（3）一人一个球，球抛出后原地跳180°后接住球；（4）一人一个球，球抛出后原地跳360°后接住球 要求：认真练习，球尽量不要掉落
	二、传接球技术 1. 单手肩上传球 2. 单手击地传球 3. 双手接球		7'	队形：两列纵队 教学方法：（1）教师示范动作，讲解动作要领及练习事项；（2）一人一个球，相对站立，进行练习；（3）两名同伴于相隔5米左右处结合球实际互传练习。互相纠正动作，注意体会动作要领，熟练后逐渐加大力量、传球速度和距离 要求：双手接球要稳，注意出球的方向
	三、射锣技术 1. 原地射锣技术 2. 行进间射锣技术		10'	队形：两列纵队 教学方法：（1）教师示范动作，讲解动作要领及练习事项；（2）一人一个球（一人一个球，距离4米左右）做射锣的练习 要求：认真看老师的示范，认真听老师的讲解，观察同学的动作
	四、战术练习 行进间传接球，射锣练习		10'	队形：两列纵队 教学方法：（1）教师讲解示范练习的方法、要领及要求；（2）学生2人一组一个球，做有球的练习 要求：同上

结束部分	一、放松操 二、集合，以表扬激励为主小结 三、师生再见，下课	8×4	5′	放松队形：体操队形 要求：调整呼吸、放松、拉伸肌肉韧带，动作平缓正确 下课集合队形：四列横队 要求：安静、整齐
场地器材	小皮球 20 个 铜锣 2 付 标准桶 5 个	预计运动负荷		
安全措施	1. 课前检查场地 2. 充分活动手臂及膝踝关节等重点关节韧带 3. 注意观察学生状态			
	课的密度预计		30%~35%	
	课的心率预计		135~140	
课后小结				

7. 教学特色与创新之处

7.1 本节课的教学过程采用了教师主导练习、学生分层练习和合作练习三者结合的方式，既有教师主导，也体现了学生的主体性，并且关注了学生的兴趣培养。

7.2 本次课重点选择了铜锣球的几个练习方法，通过自主合作学习，互帮互学，加强学生对铜锣球的规则的理解，采用层层递进的方法加强学生对铜锣球技术的理解，提高在铜锣球射锣时的技术使用能力，提高学生的发力的协调性；利用学生展示的机会，促进学生对本次课所学技术的理解，加深记忆，增强自信心，培养他们的兴趣。

7.3 本课突出了合作练习，使学生能够在练习时体会到团结协作的精神，并更好地学习技术，运用得更为自然。

专家点评

民族传统体育是人类体育文化的一个重要组成部分，它既是一种带有民族特点的文化形式的表现，又是一种颇具传统色彩的文化形态，也是民族传统历史文化的重要内容。作为一种体育文化，它应是不同的民族有目的地、能动地改造人类社会及人类自身的一种客观物质活动；作为一种民族的传统文化，它应具有作为一种文化形态自身的形成、发展及生存的历史过程，具有属于其自身的突出而丰富的科学内涵和与其他相关文化形态相融、相隔的文化限定。

新一轮基础教育课程改革提出了国家课程、地方课程和校本课程三级课程体系，为学校和体育教师提供了这样一个自主开发具有学校特色校本课程的平台。罗勇老师很好地抓住这个机会，开发了适合学生的优质校本课程——铜锣球。

铜锣球课很好地贯彻了体育与健康教学的新思想，并把理论和实践很好地结合起来，既突出了技能教学，加大了练习密度，又抓住了学生的特点，让学生在玩中学、学中练，提高了教学的实效性，关注到了每一个学生，让学生真正成为课堂教学的主人，同时教师的主导作用充分地发挥。主要表现出以下几个特点：

（1）民族传统体育在教学中得到很好的发展，学生既锻炼了身体，增强了体质，更培养了爱国情怀，达到了非常好的教育效果。

（2）教师所采用的练习方法针对性强，符合学生的实际，帮助学生理解体会动作，取得了很好的实效。教师的基本功比较好，示范能力强，有很强的代表性。

（3）合作性学习主题鲜明，创造性参与体育教学特点突出。使学生在合作中愉快的学习，在学习中体验合作学习的快乐。学生的情感、态度和价值观在学习实践中得以升华。

（4）组织教学自然流畅，教学语言亲切幽默，教学氛围民主和谐，对教育时机的把握准确及时，师生间的互动和谐地渗透在知、情、言、意、行之中。

（5）教学信息容量大，内容丰富，有创意，体现了教师创造性进行体育教学的改革意识和创新精神。

北京市朝阳区教育研究中心　　孙卫华